ちくま新書

学歴分断社会

吉川 徹
Kikkawa Toru

772

学歴分断社会【目次】

はじめに

格差社会——これはこの10年の日本社会を表現する「○○社会」という言葉として、最もよく用いられてきたものです。この間、テレビや新聞の報道に導かれて多くの人がそれぞれの格差社会を思い描いてきました。やがてこの時代は、70年代にいわれた一億総中流になぞらえて、一億総格差と呼ばれるようになるかもしれません。格差社会はそれほど大きな現代日本のキーワードです。

けれどもこの1～2年、「格差」という言葉にあまりにもたくさんの意味が込められるようになってしまったように感じます。そして、格差とはそもそも何なのかということについてきちんと問われないまま、議論だけが空回りしながら膨張しているようにみえます。そのためか、一部では「格差論バブル」だといわれてもいます。

格差という言葉で、多くの人は経済的な格差、つまりお金にかんする貧富をイメージすることでしょう。しかし、経済力という表皮を一枚とりはらったところには、職業・仕事・雇用にかんする問題があります。思い当たるものを挙げていくと、90年代後半の大量失業、リストラ問題にはじまり、若年層のニート・フリーター問題、正規従業員と非正規雇用者の賃金や待遇の格差、毎日ちゃんと働いても生活に困窮するワーキング・プア、企業の業績不振を理由にした一方的な雇用契約の打ち切りなどです。これらは雇用の不安定化、流動化と呼ばれている、新しく生じた社会現象です。

しかし、働く人たちのチャンスやリスクや希望を左右する要因について、さらに人生をさかのぼればどうでしょうか？　そこにみえてくるのは、少年期から青年期の学校における経験、すなわち学歴です。

人は生まれて育って、社会生活を営み、やがて老いていくのですが、学歴は、そのはじめの段階で一人ひとりが手にする「人生の切符」のようなものです。それゆえに、後の60年あまりの人生に格差をもたらし続ける要因となっています。

働く人も職をもたない人も、若者も高齢者も、男性も女性も、だれもが小学校、中学校、高校、短大、大学という同じしくみを、ほぼ同じ年齢で体験しているということも重要です。この点で学歴は、どんな人にもあてはめて比べあうことのできる「ユニバーサル・デザイン」の社会的地位だということができるのです。

このことに加えて、学校は各家庭から子どもをあずかって、一人ひとりの能力を伸ばし、さまざまな仕事に振り分けていくはたらきをもっていますから、学歴は親世代と子世代を橋渡しするものでもあります。そのため「世襲・二世」や「不平等の再生産」「貧困の連鎖」といった、格差問題の重要なトピックにかかわることになるのです。新聞紙上を賑わせている学校教育の諸問題も、他ならぬ学歴というキーワードを仲立ちにして、格差社会とつながっているとみることができるでしょう。

もう少しさかのぼって各自の人生の出発点をみると、日本がいまほど豊かではなかった時代に、わたしたちの両親の世代が経験した学校・試験・進学や就職の様子がみえてきます。

このように表層から順に格差社会の「皮むき」をしていくと、学歴にちゃんと目を配っておかなければならないということに、あらためて気が付きます。

本書を書くにあたって私は、格差社会についてどんな人にでもわかるように解説したいと考えました。すでに読みきれないほど膨大な数の格差社会論が世の中に出ているのになぜ?と思われるかもしれません。その答えは、学歴社会と格差社会の関係をうまく説明する理論が、まだあらわれていないということです。

日本人は、学歴について何かと取り沙汰することが好きな国民性をもっています。たとえば政治家や有名人の学歴詐称について、これほどまでに敏感な感性をもっているのは、わたしたちだけではないでしょうか。学歴を少しでも偽っているということになると、それが法律に違反していない場合でも、世間を欺いていたとみなされてしまいます。それは人びとの心証を大きく害することであり、議員辞職や活動自粛にまで至ってしまうのです。

加えて日本人は、学歴だけでなく学校、学力、子育てなど、教育全般について議論することがたいへん好きです。にもかかわらず、だれもが耳にしたことがある「学歴社会」について、人に説明できるほど正確に理解している人は、とても少ないといわなければなりません。

そもそも「学歴社会」と「格差社会」は、ともに世の中の上下の序列を扱う論理であるはずなのに、なぜか接点をもって語られたことがありません。振り返ってみると、70〜80年代には、こんにちの格差社会の「前身」というべき総中流社会が時代を彩り、同時に学歴社会も日本社会論の花形として、おおいに論じられていました。ところがこの時代から、これら二つのキーワードを連携させる主張はみあたらないのです。

しかもその後、「学歴社会日本」や「一億総中流」は、ジャーナリスティックなブームが下火になったこともあって、あまり省みられることがなくなっていました。

ですから、どうして総中流社会は、平成の20年の間に格差社会といわれるように様変わりしたのか？　そういえば学歴社会日本は21世紀のいま、いったいどうなっているのか？　ということについて、きちんと説明されていない「空白地帯」が生じているのです。

たとえば、総中流がいわれていた30年前、日本人の半分近くは義務教育を終えてすぐに社会に出た人たちでした。ところが現在では、50歳以下の人たちの4割が大学や短大を出ているのです。いまの進学率が続いていくと、まもなく大卒層と高卒層の境界線が、日本社会をおおよそ半分に切り分ける状態になります。このことが、いまの格差社会の出来事の底流にあることは、少し考えればだれにでも見通せるはずです。

いま「勝ち組」と呼ばれている人びととは、じつは学歴が高い人たちのことではないか？「負け組」や「下流」、「希望のもてない人びと」「生活にリスクの多い人びと」といわれているのは、中卒層や高卒層のことではないのか？子どもの教育に熱心なのは、結局大卒の親ではないのか——。つまり格差社会の「主成分」は、上下に分断された日本人の学歴ではないかと考えるわけです。

本書のタイトルである「学歴分断社会」は、このような時代の変化をとらえた言葉です。格差社会について、何か別のものの影絵をみているような、輪郭のはっきりしない印象をもっていた読者にとっては、得心するところがあるのではないかと思います。

じつは、私がこの考え方をはじめて展開したのは、2年ほど前に書いた『学歴と格差・不平等——成熟する日本型学歴社会』という本のなかでのことです。これはしっかりした専門書ですので、学術的に確かめなければならないことや理論の整理はそこでほぼ成し遂げています。本書で触れた社会のしくみについて、もう少しじっくり考えてみたいと思われた読者は、こちらの本にも挑戦してみてください。

ただし、いくらかの予備知識を必要としますから、多くの人に格差現象のカラクリを伝えることができたわけではありません。学歴社会と格差社会について、わかりやすく謎解きをする本書を書こうと思い立ったのは、このような背景があってのことです。

私は大規模な社会調査（いわゆるアンケート調査）のデータを集め、その時代の人びとの人生と生活を統計的に分析することを専門としています。これは計量社会学といわれるもので、前述した一億総中流論や学歴社会論も、この分野で扱われてきたトピックです。

この立場からデータが示す動きをみると、いま「格差問題」「教育問題」として叫ばれていることは、じつは時代の流れのなかで、起こるべくして起きた、避けがたい現実なのだということがわかってきます。

一億総中流の後に生まれた人たちが、右肩上がりの成長を遂げた日本社会を受け継ぎ、その担い手になっていく――。この緩やかだけれども後戻りのできない時代の流れによって、世代を越えて格差が受け渡されていることが、わたしたちの目にもはっきりと映るようになってきたのです。

私が最後に示す格差社会への「処方箋」は、この学歴分断社会日本を、動かしがたいしくみとして受け入れることをスタートラインとして、はじめて考えることができるいまの時代への提言です。それは、善悪や望ましさを前面に出して危機感を煽ったり、悲観したり、憤ったりするものではなく、社会のゆるやかな動きの先を読んで、それにどう対処するかを考えようというものです。

付記1　本書のなかで分析する2005年SSM調査（社会階層と社会移動全国調査）は、東北大学文学研究科の佐藤嘉倫教授を代表とするグループによって実施され、先ごろ整理・集計されたものです。データ利用にあたっては、SSM研究会の許可をいただいています。本文中では、「戦後生まれ」（20～50代）の人たちを、05年の調査時点の年齢によって20代、30代…50代と区切って分析します。また、有効回収データには年齢や性別の偏りがありますので、重み付け調整という処理をして分析しています。

付記2　本書は大阪大学グローバルCOE研究プロジェクト「人間行動と社会経済のダイナミクス」の一環をなすものです。

第1章

変貌する「学歴社会日本」

†大学全入時代の本当の理由

「あと数年すると大学全入時代が到来する！」という予測がさかんになされています。「全入」といっても、すべての若者たちが大学に行くようになるという意味ではありません。正確には高等教育進学希望者全入といって、進学を志望する高校生の数と、全国の短大・大学の募集定員がほぼ同数になることをそう呼ぶのです。つまり大学受験の競争率が1・0倍以下になるわけです。大学名や学部学科名にこだわらなければ、希望者全員が日本のどこかの大学・短大に「座席」を得ることができるという時代が、もうそこまで来ているのです。

一般には、これは少子化で18歳人口が減っているためだと解説されています。さらに大学・短大のキャンパスが全国にできて、地域によっては学生定員が過剰になっているということもいわれます。若者の数はこの先、確実に減っていきます。けれども「どの地方にもくまなく大学・短大がある」という、日本社会が100年以上をかけてやっと到達した高等教育の普及状況から、再び学校を間引いていかなければならないというのは、何とももったいない話です。

受験の選抜性（競争率）が低くなると、大学生の学力や能力が低下するのではないかということも懸念されています。大学、予備校、進学塾などの学校法人や教育産業の経営悪化も考えられます。以上のような点で、大学全入時代の到来はいま、不安をもって注目されているのです。

しかし、これらの不安材料を挙げつらねるだけでは、この現象の最も重要な部分についての説明が欠けているといわなければなりません。世の中ではあまり表立っていわれていませんが、大学全入時代を招く最も大きな要因は、大学に行きたいと望む高校生が半数程度しかいないということにあります。

大卒層（この本のなかでは大学・短大・高専に通ったことのある人をまとめてこのように呼ぶことにします）は、いまの20代では同年人口のほぼ半数です。文部科学省が毎年行っている集計（学校基本調査）によると、大学・短大への現役・浪人を合わせた進学率は07年度が53・7％、08年度は55・3％となっています。

「全入」が危惧されているわけですから、大学受験の関門は受け入れ側によって狭く閉ざされているわけではありません。とすると、いまの高校3年生のほぼ2人に1人は、進学しようとしないのだということになるわけです（もちろん一人ひとりの高校生がなぜ進学を希望しないのか、という理由は慎重に見極めなければなりませんが）。そしてこの進学希望者比率は、これから先も50％強だろうと予想されています。

ちなみに、世界のなかでの日本の位置はどうなのかをみると、高学歴化が日本より先に進んだアメリカでは、大学進学率はもう少し高くて、すでに何十年も前からほぼ60%です。ところがアメリカでは大学の中途退学者が多いために、成人のなかでの大卒者の比率をみると、むしろ日本の若年層のほうが少し高くなっています。日本では周知のとおり、大学入学者がほぼ確実に卒業証書を得ているためです。

ですから日本の子育て世代の教育水準をみると、いまや世界のトップ・レベルにあるわけです。しかも、長く目標としてきたアメリカ社会さえも上回ってしまったという点で、もはや日本がモデルとして見習うべき学歴社会は存在しなくなっているのです。

†「義務」化した高校教育

次に高校進学率にも目を配っておきましょう。その昔、高校全入運動というものがありました。戦後日本が高学歴化の坂道をひたすら登っていた、半世紀も前の話です。当然のことながら、この場合の「全入」は希望者全入ではなく100%の完全進学です。そして全国津々浦々での国民的な努力の結果、高度経済成長期の日本は、義務教育期間を終えてからもなお、大半の子どもたちが進んで高卒学歴を求める教育熱の高い社会になっていたのです。

強制されているわけでもないのにだれもが高校に進学するようになると、15歳で学校教育を終えて仕事に就く中卒層は、わずかな数になってしまいます。そのため、高校進学率が100%に近づいた70年代には、希少になった中卒就職者を「金の卵」と呼ぶようにさえなりました。

こうして昭和の終わりには、ほとんどの日本の親たちは、わが子を高校までは行かせるものだ、あるいは子どもに「せめて高校までは出ておきなさい」と薦《すす》めるのが暗黙の「義務」だと考えはじめたのです。教育社会学者の苅谷剛彦氏は、高い学歴を求める気持ちの国民的な広がりに注目して、これを大衆教育社会と表現しています。また、法で定められた国民の義務によって若者たちが学校にとどめられているわけではなく、それぞれの親子の学歴に対する価値観によって、子どもたちが12年もの学校生活を続けている状態を、義務教育の義務の形骸化とみることもできます。

いずれにせよ、日本の高校進学率は遠い昔に100%の天井に近づいて、拡大を「完了」してしまっているのです。このため、いまの50代以下の日本人をみると、まるで18歳までが義務教育期間であるかのような高い学歴水準が、同じかたちで続いています（後述する図1-3のグラフを参照）。戦後の学校教育のはじまりは60年前ですが、本書でこれから注目していく新しい高学歴社会の芽生えは、高校全入が「完了」したおよそ30年前だということができるでしょう。

†親の高学歴化

大学受験をするかしないか決めるのは、18歳にもなっているわけですから、原則的には本人たちの意思によると思います。しかし、どのような学歴を得るかということは、親世代と子世代の重要な橋渡しの部分ですから、親の意向や生活状態も無視できません。では親の側、つまり大学受験をめぐる家庭環境はどうなっているでしょうか。

ここでは、親世代の学歴経験に焦点を絞って考えてみましょう。いまの高校生の父母を集めてみると、そのほとんどすべてが高校教育を自分自身も経験しています。しかも、そのうちのおよそ4割は大卒層（母親の短大卒を含む）になっています。あらためて聞くと驚くべき数字ですが、これは高校全入化がほぼ完了して、いまと変わらないような高い大学進学率を初めて経験した世代が、高校生の親になりはじめているということで、いわば歴史の必然です。

昨今の学歴社会は、親の学歴がこのように著しく高まってきたという点で、「子どもは親より学歴が高くなる（する）のは当たり前」と考えていた昭和の学歴社会とは、まさに隔世の感があります。しかも、先ほどのアメリカとの比較からわかるように、国際的に見渡しても、親世代のこれほど高い教育水準を背景にして大学受験がなされている社会は、そう多くはありません。

ところが、高い学歴水準にある親たちを人生のスタート・ラインにしているにもかかわらず、いまの子どもたちをみると、18歳の進路選択時になんと2人に1人が大学・短大進学を希望していないのです。ここからわたしたちは、昭和の日本人を駆動していた「子どもは親より学歴が高くなる（する）のは当たり前」という学歴や受験に対する心構えが、現在では少なからぬ親子において失われていることを知ることができます。実際、いま日本人の7割は、親が高卒ならば子も高卒、親が大卒ならば子も大卒というように、親と同じ学歴を得るようになっています。わたしたちの社会は、だれもが競い合うようにしてどんどん高学歴化していく段階を脱してしまったのです。むしろわたしたちはいま、学歴競争・受験競争の過熱状態ではなく、学歴に対して少し冷めた構えをもっているということができるでしょう。

†昭和の学歴社会から平成の学歴社会へ

社会学者の海野道郎氏や片瀬一男氏らは、過去20年にわたって仙台圏の高校2年生の意識調査を実施しています。そのなかでは母親と高校生の進路希望（大学・短大進学を望む

図1-1　男子の大学進学の状況変化

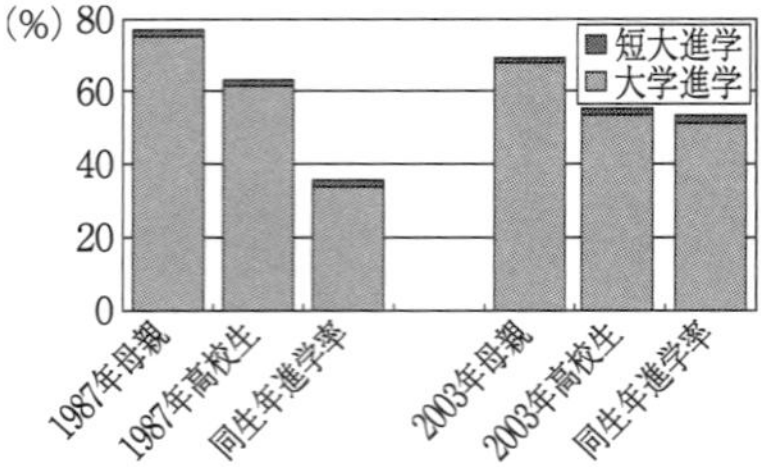

（同生年進学率は学校基本調査による）

かどうか）が尋ねられています。この集計結果はたいへん興味深いものです（図1-1と図1-2）。

途中経過は省くことにして、調査が開始された87年と03年の2時点を見比べてみましょう。03年の調査対象者は、現役で大学進学していれば09年度に新卒社会人になる若者たちにあたります。ここには男女別に2時点の母親の大学・短大進学希望、高校生本人の大学・短大進学希望、そして同じ生年の実際の大学・短大進学率が示されています。

第一にいえることは、この2時点では男女ともに母親の進学希望（左の棒グラフ）が、高校生の進学希望（中央の棒グラフ）を上回っているということです。この傾向は男子において顕著です。女子については短大進学希望から大学進学希望への大きな重心移動が目を引きますが、それでも母親の進学希望率は、本人の希望率をわずかに上回っています。要するに、母親が進学させないわけではなく、どちらかというと高校生が進学したがらないというのが、過去20年の一貫した傾向なのです。「親たちは大学進学を望むが、当人たちはそれほどでもない」というのは、豊かな日本の大学進学の重要な特徴といえるでしょう。

次に目を引くのは、87年と03年を比べると、高校生の進学希望率が少し低下しているということです。それは男子の場合、7ポイント程度です。女子の場合は大学の進学希望は伸びていますが、短大と大学双方を合わせたグラフの高さをみると、やはりこの間に5ポイント程度の進学希望率の減少を確認できます。このことからは、高校生たちの大学進学至上主義の価値観が、ゆるやかに失われつつあることを読みとることができます。

そしてもうひとつの大きな変化は、このように大学進学熱が冷めてきているにもかかわらず、この間に進学門戸が拡大し、実際の進学率（右の棒グラフ）が10％ほど増えたということです。その結果、87年には希望しても大学に入れない高校生がかなりいたのですが、03年には、数のうえでは高校生の進学希望と現実の進学実態の差がほとんどなくなって、いわゆる「全入」状態に近づいてしまったのです。

このデータは「大学に行きたい（行かせたい）のに、やむを得ない事情で進学を断念せざるをえません」という高校生（とその親）が、この十数年の間に日本社会から消えていったということを示しています。日本の18歳がおかれた状況は、

図1-2　女子の大学進学の状況変化

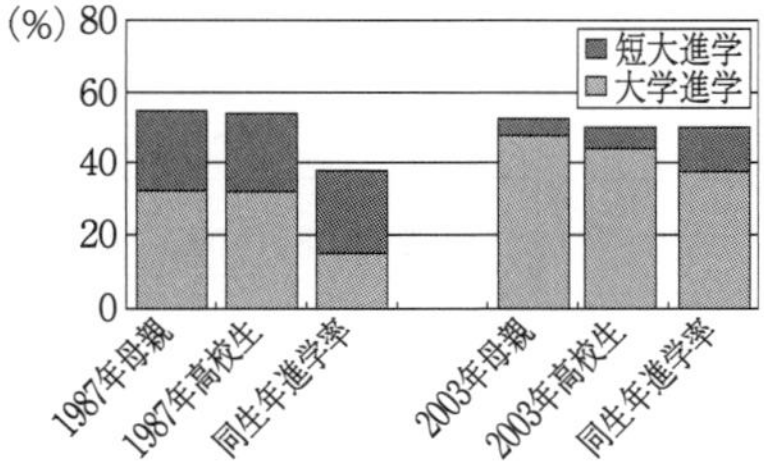

（同生年進学率は学校基本調査による）

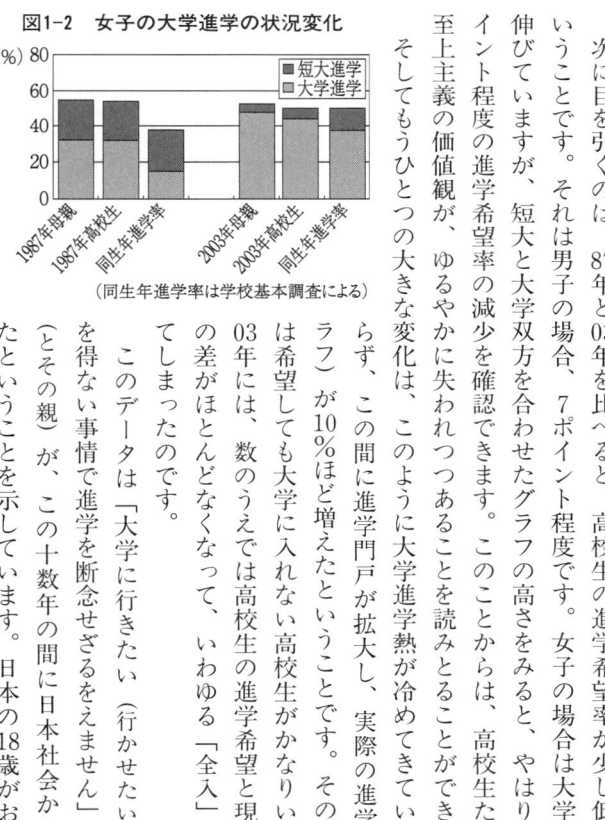

図1-3　高校・大学進学率の変化

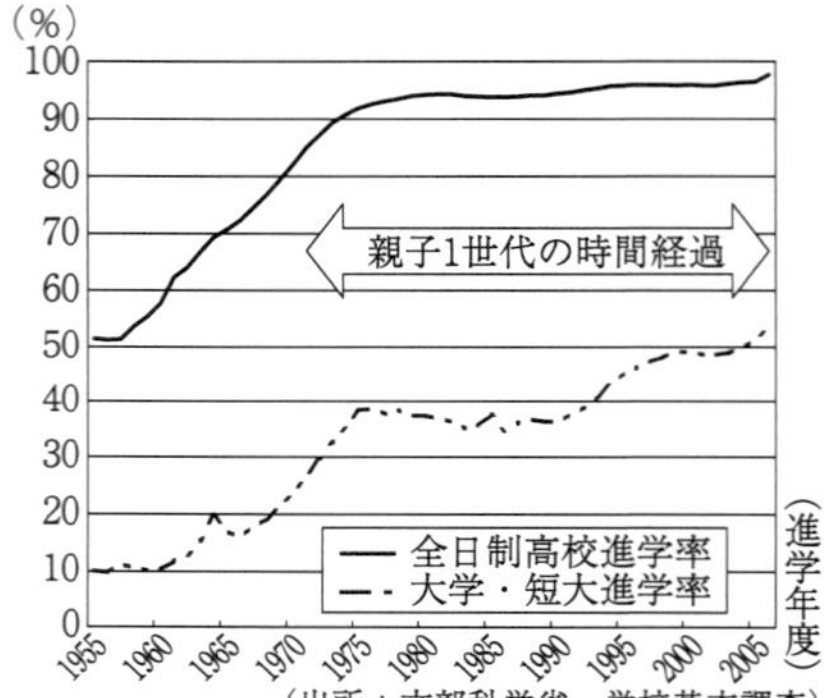

（出所：文部科学省・学校基本調査）

80年代と00年代の間に、大学に行きたくても行けない時代から、あまり行きたくなくても大学に行けてしまう時代へと様変わりしたのです。

図1-3は、ここで述べてきた変化を別の角度からみるために、年度ごとの進学率をグラフにあらわしたものです。まずはこのグラフを使って、自分と異なる年齢の人の学歴経験を考えてみてください。その人（自分の親や会社の上司など）がいつ頃、中学や高校を卒業したかを考えるわけです。すると「この人の育った時代は高校進学率が7割で、10人中2人しか大学に行かなかったのだな……」というように、学歴をめぐる経験を知ることができます。そして時代をさかのぼるほど、自分たちの学歴経験とは大きく異なる実態が浮かび上がってくるはずです。

グラフの推移をみると、高校進学率は高度経済成長が終わった70年代中盤におおよそ100%の天井に至って、それから30年以上横ばい状態を続けています。大学進学率のほうも、高度経済成長期には高校進学率とあゆみをともにして右肩上がりに上昇していましたが、その伸びは70年代中盤の高校進学率の飽和とともに鈍ってしまいます。その後は、おおまかにみれば横ばい状態といえますが、80年代に40％弱の水準に至ってからは若干ゆらぎながら進み、90年代に数パーセントのゆるやかな再拡大を経験して、現在の50％強の水準に至っています。

この2本のグラフからは、日本社会が高学歴化の途上にあった昭和の学歴社会から、学歴が高い水準で横ばいを続けている平成の学歴社会へと変化したことを知ることができます。

しかも、いまの高い教育水準は、すでに中年層から若年層までのおよそ30年分の幅をもっています。これは、学齢期の子どもからその親の世代までに相当します。ということは、いま子育てをしている親たちの受験や学歴についての経験と、その子どもたちの経験が似たものになりはじめているということです。このように、学歴の比率が世代間であまり違わなくなったことは、親の学歴と子どもの学歴の結びつき方が、一定のパターンで安定しはじめていることを示唆しています。

†大卒50％の「ガラスの天井」

ここで、大学進学率の急成長とその後の微増の背景にある教育政策について触れておきましょう。大学進学率が右肩上がりに急増していた時代、この拡大傾向は人びとにとって将来予測の難しい、得体の知れない変化でした。現在、少子高齢化社会という将来像が不安をもって受けとめられているのとよく似ているかもしれません。

70年代から80年代後半までは、「このまま進むと大卒層が社会にあふれて、まずいことになる」ということで、大学入試の門の広さを慎重に絞って、進学率を調整する政策がとられていました。そのため平成に入るまでは、限られた数の椅子をめぐって大学受験が過熱する傾向にあったのです。その後90年代半ばにかけては、いわゆる団塊ジュニアの人口増のなか、男女比や大学と短大の比率を考えながら、大学入学の関門が徐々に開かれていきました。それが40%から50%へという、ゆるやかな拡大傾向をもたらしたのです。

しかし、そこで高等教育の政策を考える人たちは、あることに気が付きました。それは、四年制大学への進学門戸の「バルブ」を全開にしても、進学希望者数はせいぜい同年人口の50%程度しかいないということです。慎重に右肩上がりの傾きを調整してきたわけですが、結局大学進学率50%のところには、調整しなくても頭打ちになるような「ガラスの天井」があることがわかったのです。

それにしても、どうしてこのような「ガラスの天井」があるのでしょうか。また、どうしてそれは40%や60%ではなく、50%なのでしょうか。その理由については、社会学や教育社会学、経済学などで、さまざまに考えられています。しかし何が主たる原因なのか、いまのところ確定的なことはわかっていません。

いま確実にいえるのは、日本社会では、大学の側の門戸の広さ、少子化による18歳人口の漸減、大卒者を受け入れる産業界の雇用の数、高校生の進学希望、親の進学希望など、大学進学にかかわるいずれの要素をとっても、この境界線がほぼ50%あたりで均衡するように作用しているということです。つまり、大卒／非大卒フィフティ・フィフティというのは、政策上の手を加えることで簡単に変えられるものではなく、現代日本社会のさまざまなものごとが、がっちりと組み合わさって生み出されている比率なのです。そしていま、この比率が親世代と子世代の間で受け継がれ、同じかたちで繰り返されているのです。

†学くんの消滅

もう少し、学歴をめぐる時代の流れを考えてみましょう。名前というものは、子どもが親から授かる最初の贈り物です。一般に親は子どもにこんな人生を送ってほしい、という願いを込めて名前をつけますから、そこには家庭の文化的背景や、子どもに対する期待を垣間見ることができます。そして親の名づけ方には、時代による変遷、つまり流行があるということがよく知られています。この名づけ方の変化からも、学歴観の変容を知ることができます。

私が子どもの頃、男子のポピュラーな名前のひとつに学くんがありました。学くんは、勉学に励んで高い学歴を得てほしいという親の気持ちを直接的に示す、そのものずばりの名前です。同じように修くんは学問を身につけるという含意をもつ名前ですし、博くん、賢くん、聡くんという名前も、知性を重んじる親の気持ちがあらわれたものです。いずれも、いまの日本の30代以上に多くみられる名前です。

他方、私は学籍名簿などでいまどきの大学生の名前に触れる機会があるのですが、どうもこの数年、ここに挙げたような勉学を目指す名前が減っているように思われるのです。

明治安田生命は、自社の保険加入者のデータから「生まれ年別名前ベスト10」を発表しています。そのデータを詳しくみると、日本人の名づけ方の移り変わりについて面白い傾向があることがわかります。

まず、第二次世界大戦時に生まれた男性では、勝、勇、進、勝利、勲、功、武といった、戦勝や戦功、武運を意味する名前の多いことが、たいへんはっきりとわかります。このことからは、当時の大人たちの国民的な価値の優先順位がいかなるものであったのかが推測できます。ところが、戦後の団塊の世代の男性の名前をみると、勇ましく戦う名前が一気にランキング上位から消滅しています。この急転もまた驚くべきものです。

軍国主義の風潮を背負った名前に代わって入ってきたトレンドにはいくつかあるのですが、そのひとつとして、勉学を志し、博識賢明《はくしきけんめい》になってほしいという学歴志向、学問志向があったことをはっきりと確認することができます。詳しくみると小さなブームのようなものがあり、終戦直後の数年は博さんが人気のある名前だったようです。続く50年代には修さんが上位に入っており、これがやがて学くんの流行へと変わっていきます。

学歴社会の理念を一身に背負った学くんという名前は、1965（昭和40）年生まれから団塊ジュニアを間にはさみつつ80（昭和55）年生まれまで、16年間トップ10に入り続けています。名づけられた本人の実際の人生がどうだったかは別として、高度経済成長期の大人たちは、生まれたばかりの赤ちゃんをみて「学」を願うことが少なくなかったわけです。

女性では、学くんと同じような経過をたどるものに、智子さんや理恵さんがあります。「智」は知性を、「理」は理性を意味する名前だとみることができます。とくに智子さんは1959（昭和34）年から84（昭和59）年までの四半世紀の間、日本の女の赤ちゃんの名前のトップ10に入っていました。

このように学くん、智子さん、理恵さんという名前に人気が集まった時代というのは、日本人の国民的な高学歴志向が強く、親の教育期待が高かった時期にちょうど重なっています。つまり学くんたちは、大衆教育社会のまさしく「申し子」であると解釈できるのです。

　ところがこの「教育命名ブーム」は80年代に終わってしまいます。これは高校全入を経験した男女が子どもをもちはじめた時期と重なります。教育水準が右肩上がりの高学歴化から横ばい状態に変わる、学歴の「飽和」を体験したこの時代の親たちは、自分たちの子どもについて、もはや学を究《きわ》めさせることを名前に投影するほど望ましい価値だとは考えなくなったというわけです。そして、この学くんが減ってしまった世代が、早くも大学生になり、学籍名簿に掲載されはじめているのです。

　あらためてデータをみてみると、最近の赤ちゃんのトレンドは、男子は陸海空（陸、翼、空、翔太、海斗……）、女子は花と植物（陽菜、美咲、さくら、杏、葵、萌……）という「グローバル（地球的）」で「ロハス（健康と環境を志向するライフスタイル）」なものにすっかり様変わりしています。このことから、戦中の軍国主義と21世紀のエコロジー・ブームの間には学歴主義の時代があったのだ、とまでいうのはさすがに度がすぎるかもしれません。

しかし、若いお父さんお母さんたちが、子どもにいまどきの名前を授けることが許されるのは、「自分たちには学歴がないから苦労した。だからせめてこの子には……」という、大人たちの学歴上昇への切なる願いが、昭和の終焉とともに過去のものになったという背景があるのです。

†格差現象の主成分

それにしても学歴社会という言葉は、「いまさら学歴社会なのですか？」と聞き返されるほど、話題にされることが減ってしまいました。ですから多くの人は、いまさかんにいわれている格差社会の根源には学歴がある、などとは考えていないはずです。

しかし、ここまでいくつかの実態を示してきたとおり、格差社会のはじまりと同時期に学歴社会のほうもひそかに変貌を遂げているとすれば、どうでしょうか？

この本ではこの先、学歴社会の新しい局面が、わたしたちの日常生活に格差現象を生みだすしくみを説明していきます。ただし、私は学歴こそが格差社会の唯一の要因であり、他のものごとは一切関係ないと主張するわけではありません。いま格差社会論で指摘されている、所得、雇用、意欲、世代間関係、地域差などの問題はいずれも切実なものです。ですからここで私が強調したいのは、こうした大切な問題を正確に論じようとするならば、これらすべてと密接に関連する学歴に目を配っておかなければまずいということです。

学校教育は、国民の労働力の質を高め、近代的で豊かな社会を作るためのものだと普通は考えられます。けれども学校のはたらきはそれだけではありません。学校教育は、親から子への世代間の関係に対し、公的に定められた「フィルター」として介在することで、世襲制の社会にみられたような閉鎖的な関係を解消していくことをめざしていたのです。

ですから学校教育は、そこで培われた人材を、能力に合わせてそれぞれの持ち場に割り振って、人びとに仕事やお金についての成功のチャンスを振り分けることを目的のひとつとしています。つまり、学校は元来一人ひとりの知識や技能に差をつけるためのものであって、学歴による差異には、社会の設計どおりに発生しているという側面があるのです。いわば学歴は正規の格差生成装置なのです。

それゆえに学歴は、こんにちの格差の諸現象にとって、欠かせない「原材料」となっています。先ごろさまざまな食品偽装が話題になりましたが、食品表示では、原材料は重量の多い成分から「小麦粉、米、砂糖……」というように順に表示しなければ、虚偽記載になるのだそうです。この基準にならうと、格差社会を成立させている要因の筆頭には、学歴を挙げなければならないというのが、私の主張するところです。

もっとも、風邪薬などの市販薬、栄養ドリンク、化粧品、サプリメント食品などでは、注目すべき薬効のあるものが強調されます。たとえば〇〇を一瓶中に1000ミリグラム配合しているとか、〇〇を0・5%含有しているという商品広告を目にすることがあります。しかし、強調されているこれらのものはいずれも主成分ではありません。それどころか、「タウリン1000ミリグラム」はドリンク剤一瓶にわずか1グラムですし、「インドメタシン0・5%配合」は、その200分の1ですから、どちらも微量の含有成分にすぎないのです。

これと同じように、いま流行している格差社会論では、「勝ち組」企業と「負け組」企業、「正社員」と「非正規雇用」の賃金の差、ワーキング・プア、都市と地方の隔たりといった、新しい現象の「薬効」に注目が集まる傾向があります。しかしこれらは、いずれも格差の「主成分」である学歴差と一緒に「配合」されているのです。だから学歴から絶対に目を離してはならないのです。

†寝た子を起こすな？

ただし学歴について、冷静かつ学術的に考えるのは、じつはなかなか難しいことです。それは、日本人の多くが、学歴の上下を表立って口にすることを、長い間「タブー」だと信じこまされてきたからです。

はじめにお断りしておきますが、私は、学歴至上主義や受験競争の問題性などについて、本書のなかで取り立てて論じようとは考えていません。けれどもそれは、これらの問題の大きさを理解していないからではありません。私は、一部の学歴エリートたちの価値観やパーソナリティについて、他人への思いやりに欠ける、能力を過信している、実社会での応用力がないといった好ましくない偏りが指摘されてきたことや、「お受験」にみられるような過熱した進学競争が、のびのびとした人間形成を妨げかねないという主張があることは、もちろんわかっています。

そういう学歴社会の悪弊の指摘や、学歴主義に対する「識者」からの批判や「お叱り」は、古くは盛田昭夫氏の『学歴無用論』、尾形憲氏の『学歴信仰社会』、岩田龍子氏の『学歴主義の発展構造』など昭和の昔から蓄積されてきた学歴社会論にはじまり、新しくは教育評論家の尾木直樹氏の本などをひもとけば、好きなだけ読むことができます。

ですから、新しい学歴社会のしくみを解説する本書では、こうした学歴社会悪玉論を繰り返すことはしません。私はここでは、道徳的な良いか悪いか、感情的な好きか嫌いかではなく、科学的な真偽ということに重点をおいて、現代日本の学歴を考えたいのです。

中学校で習ったとおり、福沢諭吉は明治の大ベストセラー『学問のすゝめ』の冒頭部分で、「天は人の上に人を造らず人の下に人を造らずといえり」と述べました。よく知られている平等主義の提唱です。では、この後どう続くかご存知でしょうか?

学歴社会日本の「設立者」である福沢諭吉は、これに続けて次のように言い放っています。「人は生まれながらにして貴賤貧富の別なし。ただ学問を勤めて物事をよく知る者は貴人となり富人となり、無学なる者は貧人となり下人となるなり」。彼は、だから皆さんに学問（学歴取得）をす丶めます！と明治の人びとを煽《あお》ったのです。

以来学歴は、社会の上下差の発生装置として公認されてきました。また学歴によって人生のチャンスが異なるという学歴主義も、日本人の社会の見方にくっきりと刻印されることになったのです。ちなみに、この同じ人物がこんにち「お受験」の代名詞のようになっている「慶應義塾」という学歴ブランドの創立者だということも、ここで思い起こしておくべきでしょう。

ではどうしてこの自由で民主的な社会の大原則が、いまではこのように語りにくい状態になっているのでしょうか。これは、高学歴化の進んでいた１９５０年代に、受験や進路にかんすることで青少年に差別感を与えてはならないという考え方が、教育現場に広まったことにはじまるといわれています。そして、前述した70～80年代の学歴社会論では、「大学のレジャーランド化」「マスプロ教育」「受験で歪んだ人格形成」といった、ほとんど罵声に近いキャッチ・フレーズとともに、本来は社会を牽引するエリートであるはずの大卒層の能力・資質の不完全さや、大学教育の問題性が槍玉にあげられました。あわせて、大学に進学しなかった人たちを無用に貶《おとし》めるべきではない、とも考えられるようになったのです。

性別、民族、住んでいる地域、家族構成、身体の特徴など、個人に与えられた変更しがたい属性をもとに人を区別してはならない。なぜなら、それは差別になるからだ、ということは確かに民主主義の基本ルールのひとつです。運悪く学歴競争に負けて「敗者」のラベルを貼られてしまった人たちに向かって、「勝者」が、「学歴が高いことこそが人生の成功の条件だ」というように、獲得したものの重要性を振りかざすことは、確かに思いやりに欠けているように感じられます。

そういうわけで、だれもが学歴を競った大衆教育社会にあっては、高学歴＝「勝ち組」、低学歴＝「負け組」という学歴主義は、暗黙の了解にとどめられてしまい、表向きはこれと正反対のことがいわれるようになったのです。

実際いまでも、私の勤める大学の一年生に学歴社会についてのイメージを聞いてみると、まるで判で捺《お》したかのように、学歴社会の「問題点・留意点」が挙げつらねられます。「学歴だけで人を評価することはできません」「自分の大学受験は中身のない競争でした」という具合です。同じような傾向は、東京大学でもみられるといいます。学歴をめぐって表と裏で交差する賞賛と否定の二重の圧力にさらされている学歴エリートたちは、ことさら高学歴のメリットを振りかざして無用なそしりを受けることのないよう、人生の早い段階から注意を払うようになっているのです。

就職活動においては、企業の就職担当者も採用される側の学生も、「ウチでは、大学のランクや学閥で出世が大きく左右されます」とか、「私は、自分の学歴を有利に使える企業を探しているのです」といった本音のやり取りをすることは絶対にありません。採用側は「弊社は学歴で人材を分け隔てしていません」、希望者側は「学歴からは知ることのできない個性や人間力が大事な時代ですよね」などと無難なことをいっておいて、別の機会に「リクルーター」と呼ばれる同じ大学出身の若手社員が、非公式に応募者と本音や実態をぶつけ合う、というのが昨今の常套手段になっています。企業社会でも、学歴主義を公の場で語らないことは、品格ある学歴エリートであるための重要な「作法」とされているのです。

ただ、このような空気が草の根レベルまで広がっていることは、学歴の重要性にあらためて学術的な目を向けようと思っている私にとっては、ちょっと悩ましいことです。現代日本の社会調査データを分析すると、学歴が最も重要な格差の「主成分」であることは明らかです。にもかかわらず、低学歴層は所得が少ない、低学歴層は転職時に仕事を得にくい、低学歴層は将来に希望をもてない、低学歴層は権威に同調する傾向が強いといった、データが物語る事実を前向きに理論化することがはばかられるのです。

学歴が人びとを差異化するという主張をすると、本音とタテマエの区別を理解しない人だと思われそうな気もしますし、思わぬところから「拒否反応」やクレイムが出そうな気もします。あるいは、ようやく受験競争、受験地獄といったあさましい言葉が下火になって、「生きる力」や人間力などの響きのいい言葉が使われるようになってきたのに、わざわざ寝た子を起こすことはないだろう、「空気を読めよ！」という意見もあるかもしれません。

しかし私は、いまの世の中では学歴差を語らないよう、そこまで気を配る必要はなくなりはじめているように感じています。それは、いまの大学全入の時代にあっては、大学に行きたがらない若者がたくさんいる半面、行きたくても大学に行けない人たちがかつてのようには多くない、という前述した実態があるからです。学歴が低い層というのは、必死に努力をしたが勉学の成果が上がらなかったか、家庭の経済的な事情で進学をあきらめた人たちなのだという見立ては、もはや以前のように的を射てはいません。なにしろ同じ年に生まれた若者たちの半数が大学受験競争に参加しない、というのが平成の学歴社会なのですから。

そういうわけで、こんにち大卒層がそのメリットをはっきり言葉にしたとしても、もはや若い中卒・高卒層から、激しい怒りや反感をかうことはないはずです。大卒層は全員参加のゲームの「勝ち組」ではなく、いまや学歴ゲームの参加者にすぎなくなっているからです。逆に、現在の若い中卒・高卒層は、真剣勝負に競り負けたわけではなく、ティーンエイジのかけがえのない日々を受験勉強に費やしてまで、大人になってから使う切符を手に入れようとは考えなかっただけなのです。

ですからいま、若い人たちの学歴をみるときは、上下差や勝ち負けという意味づけを少し軽く考え、人生の中で大切にしているものや、将来の見定め方、望ましさの基準などの、質の違いをより重く考えるほうが現実的でしょう。

ただし、そうした風潮とはまったく裏腹に、学歴主義の現実は、多く語られることがないまま社会にしっかり根を張っています。よく知られているように、医師、歯科医師、判事や検察官、教員、薬剤師、会計士、税理士などの多くの専門職は、学歴に基づく資格をもつ人だけに開かれています。これらについては、まず試験によって能力の厳しい選抜がなされ、そのうえで専門的な教育によって知識や技能が与えられているわけです。ですから、医師不足問題を解消するのに、高卒フリーターを充てることはまず考えられません。高校生のアルバイトの時給がパート女性の時給よりも少し低いのも、じつは経験の差ではなく、高卒学歴をもっているかどうかということで決められているのです。

この点で、学歴に基づく仕事の振り分けは、決していわれのない差別ではなく、「実績主義」といわれる正当な原則に基づいているのです。「学歴差別」という誤った表現をする人をときどきみかけますが、学歴は差を生み出すための公式な装置なのですから、学歴によって人生のチャンスが異なることについては、「差別」という言葉を使って民主主義的な配慮が求められることはないのです。

ともかく現代日本の格差社会を学術的に考えようとするときには、社会の隅々にまで根付いている学歴差を言葉にすることを、やみくもに避けていてもはじまりません。だれもが学歴について沈黙して、正確な実態に触れないでおくのは、むしろ危険な選択といえるでしょう。本書後半で明らかにするとおり、この学歴の影響力の黙殺は、いろいろなところで誤解や説明不足を生んでいます。ですから、いまこそ寝た子を起こすときです！　明治以来、この国に脈打っているこの巨大な力に21世紀の冷静な目を向けるときなのです。

†18歳の岐路

学歴について思いをめぐらせるとき、さまざまなことが考えられるのですが、私はとくに、18歳で短大・大学に進学した大卒層と、残り半分の非大卒層との境界線に注目しています。この大卒／非大卒境界を本書では学歴分断線と呼びます。大半の日本人が経験する大きな人生の岐路です。

この境界に注目する第一の理由は、この分断線が、学校教育法の定める公的な分け方に従ったものだということです。この法制度があるからこそ、大卒／非大卒の区分は社会的によく知られた、説明の必要のない境界線でありうるのです。

もっとも、18歳の進路選択による単純な線引きを強調すると、15歳で社会に出ていく中卒層や、20代後半まで勉学を続ける大学院生のような別の区分には目が届きません。

中卒層にかんしては、貧困層や公的扶助を受ける人びとが、この層と著しく重なることがいわれています。この問題はあとで検討しますが、世界有数の高い学歴水準の社会のなかで、下層の数パーセントのところにあるこの課題は、社会保障として扱うべき重大問題です。しかしそれゆえに、多くの人の生活にかかわる格差の構造とは少し次元の異なる社会の課題となっています。

他方、大学院を修了することは、MBA（経営学修士）であれ、医学博士や工学博士であれ、専門職エリートになるための必要条件が提供されることを意味しています。国を動かす科学技術エリートや、豊かな生活を実現する専門家をどのように育てるかということも、文部科学行政の重要な課題です。けれども、これもまた超上位層だけにかかわる問題であって、学歴社会の一般的な実態とはやはり性質が異なります。

学歴分布の両端の数%を切り分けるこれら2本の境界は、たしかに現代社会において一定の役割を果たしています。ただしこれらは、青年期のだれもが踏み越える「通過儀礼」

ではありません。これに対して、本書で見定める学歴分断線は、ほとんどの若者たちが18歳で直面する、右か左か、五分五分の人生の岐路を意味しており、それこそが重要な点なのです。

高校生の進路にかんして、少し慎重に扱うべきなのは専門学校への進学者だと思います。結論からいうと、この本のなかでは専門学校進学者は非大卒層として扱い、短大進学者以上を大卒層とみなします。

確かに最近では3~4年制の本格的な専門学校もありますし、国家資格取得につながる教育をしている専門学校も少なくありません。それに大学も短大も専門学校も、高校卒業後にモラトリアムを過ごすために使われているという意味では同じだ、という見方もありうるでしょう。あるいは、「三流」大学に行くくらいなら、専門学校に行くほうが有効だということもよくいわれます。そういう評価を得てしまった「三流」大学は、いまの時代にあっては遠からず淘汰される運命にあると思いますが、確かにいまはそこにグレーゾーンがあります。

しかし専門学校というのは、特定の職種に就くための能力を育成する機関であるという点で、大学などの高等教育機関とは目的が異なります。高等教育への進学者が幅広い教養を学んでいる間に、専門学校進学者は情報、福祉、調理、デザインなど決まった職種を目指して具体的な準備をする、という色合いを強くもっているのです。（普通）高校で身につけることができない職業的なスキルを、卒業後に補っているといってもいいかもしれません。

加えて、専門学校は入学時のハードルが高くないということがあります。大学の裏口入学は大きな問題になりますが、専門学校の裏口入学はあまり聞いたことがありません。そういう無理をする必要がないからです。

しかも、短大や女子大は近年、「四大化」と「共学化」を進めていますが、専門学校が大学に変わっていく例はそれほど多くありません。つまり大卒層が「四大卒」へと一本化しつつあるのに対して、専門学校には別の方向への展開をみてとることができるのです。

†学歴か学校歴か

他方、大学を出た人たちの間では「学歴といえば高卒層と大卒層の区別ではなく、出身大学のランクの差のことではないのですか？」「自分にとって重要なのは、〇〇大学と××大学の違いです」といった考えの人も多いと思います。これは学歴とは区別して学校歴と呼ばれているものです。

学歴と学校歴の違いについて、まず確認しておきたいのは次のことです。最近、以前ほど「学歴」は重要でなくなっている、あるいは「学歴」よりも実力で出世が決まる時代になった、などといわれることがあります。そこでいわれている内容をよくみると、どうやらこれらは、学歴ではなく学校歴にかんする時代の変化を指摘するもののようです。つまり、ランクが高くない大学を出ていても、その後の職歴においていくらでも逆転可能になってきた、一流大学を出ているだけでは成功は約束されない社会になっている、ということです。大卒層のなかで、学校歴の序列が以前のように厳密なものではなく、少し弛《ゆる》んできたということは、私もおそらく事実だろうとみています。

ただし、それはあくまで学校歴（大学名）についての変化であって、高卒でも大卒層を逆転することができる社会になったということではありません。それどころか、学歴分断線が無効化しているという話は、いまだかつて聞いたことがありません。この点について誤解して「学歴なんて関係なくなった」と思っている人があれば、考えを改めるべきでしょう。

人間は一般に、同質な集団のなかでは、細かな違いに注目して上下関係を見つけだそうとするものです。たとえば学歴が同じ大卒層であるならば、どこの大学を出たか。それも同じならば、入試偏差値の高い学部を卒業しているのはどちらか。それも同じならば、出身高校はどちらが名門進学校か……というように、差を見つけだすまで自分と相手を比較していくのです。

しかし、自分とはかけ離れた非大卒層の学歴をみるときは、相手が自分とは違うのだということがわかりさえすれば、中卒なのか高卒なのか、専門学校を出ているのか否か、その学校の名前とランキングは?ということまで細かく見極めようとはしないものです。人間はこのように、社会的な地位を認識するときに、自分と近い人は細かく、自分から遠い人はおおざっぱに見定める傾向をもっているということが知られています。

この判断を社会全体についてみると、だれしも自分より上の学歴の人もいれば、自分より下の学歴の人もいると考えることになり、多くの人が自分は学歴の序列の中ほどにいるとみなすようになります。わたしたち一人ひとりは、このように社会を見渡すことで、学歴の勝ち負けを意識する「学歴コンシャス」とでもいうべき価値観に巻き込まれているのです。

しかし、これはあくまで人びとの心のなかでの学歴社会の見渡し方のしくみです。社会調査のデータによって現代社会を鳥瞰したときに、いちばんくっきりとした学歴の分断線がどこにあるのかという関心とは異なります。社会全体を客観的にみる場合の大きな論点は、東大と京大の間、早稲田と慶應の間、関西学院大学と関西大学の間、新潟大学と富山大学の間、大東文化大学と亜細亜大学の間などにある学校歴の細かな差を考えることにはありません。それは世の中の半数を占める高卒層にとってはどうでもいいことなのです。

そこで、大学名を見極めるという大卒層特有の関心事から離れ、社会的に最も意味の大きい学歴の境界線を考えるならば、やはりそれは、大半の現代日本人が18歳の春に通過する学歴分断線に他ならないということになるのです。

読者のなかには、自分には大卒の友人・知人は多いけれども、中卒や高卒の知人はほとんどいない。あるいは学歴分断線の向こう側の人とは、日常的な接点が多くない、という人がいるかもしれません。しかし、駅やショッピング・モールなど公共の場でみかける日本人の半数以上が高卒層である、という統計データが示す人口構成比率に間違いはありません。

反対に、面接社会調査のために全国の一般家庭を訪問してみると、日頃は大学を出た人たちに会うことはなく、親戚にも数えるほどしか大卒の人はいない、まして大学の先生と話をする機会なんてめったにない、とおっしゃる方があります。

このように、世の中の半分ずつが相互に閉じたネットワークや人間関係をもつ傾向があり、親しく交流する機会をもっていないとすれば、それは欧米の階級境界やエスニシティの境界を思い起こさせる、重大な分断状況だとみることができるでしょう。

†欧米とは異なる日本だけのしくみ

18歳のとき、人はみな学歴分断線をめぐる重要な決断をする——。それは、次のようなしくみのうえに成り立っている現象です。日本では15歳時に義務教育が終わるという区切りがあるのですが、そこで学校生活を離れて社会人になる少年たちはわずかです。大半の若者たちは高校に進学して、18歳までは学校生活を続けます。

どのようなレベルの高校の、いかなる学科やコースに進むかということは、その後の進路を左右しますから、それを決する高校入試は大きな岐路のように考えられがちです。しかし、多くの先生方と中学生とその親たちが強い関心を寄せている高校ランクは、どのような学歴を得るのかを即決するしくみではありません。どういうことかというと、どこの高校でも高校生は校則を守り、決まった履修科目を受講し、部活動をして、中間・期末試験、夏休み、学園祭という行事を経験するわけで、要するにどこに進学しようと18歳までは日常生活に大きな違いが生じることはないということです。15歳のときの学力差が「清算」されて、はっきりしたかたちになってあらわれるのは、あくまで高校卒業時なのです。

親や学校という視点を離れて、近所の人や知人の目でみるとこうなります。どこの子も6歳の春になると毎朝同じように家を出て学校に通いはじめます。その光景は小学校6年、中学校3年、高校3年の12年間続きます。そして18歳の春になってようやく、それまでの子どもたちの学校でのパフォーマンスが「清算」されて、その子の「人生」が周囲の人たちにもはっきりみえるようになるのです。それが、大学・短大に進学するのか、就職して社会に出るのか、専門学校で就職の準備をするのかという進路なのです。

それでもまだ15歳の高校入試や、12歳の中学入試が重要だと思う人は、次のことを考えてみてください。Aさんは難関の○○中学に見事合格したのですが、事情があって大学には進学しなかったとします。Bさんは学区トップの○○高校に入学したのですが、大学入試には失敗して、あまり名前の知られていない大学に進学したとします。そしてCさんは地元の公立中学から公立普通高校に進学し、一流といわれる大学に進学したとします。AさんBさんは自分の中学入試、高校入試の輝かしい結果を、「達成学歴」としてプラスに使うことができるでしょうか？　逆にCさんは12歳、15歳での途中経過について、AさんBさんに対して引け目を感じる必要があるでしょうか？

これを考えてみると、受験の世界での中学・高校の「ブランド」の優劣は、あくまで卒業後にどのような大学に進むことができるのか、という「大学進学力」によって決まっていることに気付くはずです。教育社会学者の竹内洋氏が「ご破算型」のシステムと呼んでいるとおり、大学入試で「清算」をしなければ、受験競争の途中経過は有効にならないのです。

18歳の進路選択への一点集約という日本型学歴社会の特徴は、国際的にみると珍しいものです。先進工業諸国のなかでこのパターンで学歴形成を続けている社会は、日本と韓国以外にはありません。ちなみに日本の若年成人の高校卒業率は約91％ですが、韓国の高校卒業率はなんと99％です。

欧米ではどうなっているかといいますと、学歴を振り分けるしくみは、進級するごとに徐々にライバルの数が減っていく、生き残り競争（多分岐型）になっています。このかたちの社会では、義務教育を終えて早々と社会に出た低学歴層が、成人のなかに一定数います。その数はアメリカで約13％、フランスで約21％、イタリアでは約38％にのぼります（『学歴と格差・不平等』）。また、大学や短大（高等教育）も制度が違うため、序列や入学の難しさが日本とは少し異なります。簡単にいうなら、いろいろな水準の学歴集団を作りだすしくみになっているのです。階級や民族についてははっきりした境界線があるのに対し、学歴は細かく分かれているというのが、日本と大きく異なる点です。

ひるがえって考えると、日本社会でたった1本の学歴分断線によるシンプルな切り分けが成立しているのは、大卒層、非大卒層それぞれの内部に質の違いがあって、それが上下の違いや横並びの違いを受けもっているため、この境界線にかかる歪みがやわらげられているからです。

　大卒層は確かに同年人口の約半数を占めますが、かれらは周知のとおり、かならずしも一枚岩ではありません。つまり短大・高専と四年制大学の違いや、学校歴の細かな序列、文系・理系という専攻の違い、大卒後の大学院進学という選択肢などが、大学・短大進学者に繊細なグラデーションを与えているのです。いっぽうの非大卒層にも、中卒／高卒という大きな違いに加えて、同じ高卒層でも普通科卒か職業科卒か高卒就職か専門学校進学か高卒無業（フリーター）かという違いがあります。

†学歴分断社会

　学歴社会の新しい局面について、私はこれまで成熟学歴社会と呼んできました。この言葉は、昭和の学歴社会と、平成の学歴社会をはっきり区別するための言葉でした。けれども本書では、格差社会の諸現象を説明するための切り札として、とくに学歴分断線の存在を強調していくことになります。そこで成熟学歴社会において、フィフティ・フィフティの分断比率が世代を越えて続いていく状況について、学歴分断社会と表現することにしました。

　ではこの学歴分断社会を実際にみてみると、どのようなかたちをしているのでしょうか？

図1‐4は、20~50代の生年と学歴分断線の関係を示したものです。左の高い山が団塊世代、右の幅の広い山が団塊ジュニアです。学歴の比率を左（壮年）からみていくと、まず中卒層が急速に減って、いまは高卒層が人口全体のなかでの総数をゆるやかに減らしつつあるということがわかります。これに対して大卒層（四大と短大卒業者）は右（若年）にいくほど絶対数を増していることが確認できます。こうしていまの日本社会では、大卒層がゆるやかに増えて、大卒／非大卒の学歴分断線が徐々に社会の中央に押し出されてきているのです。

図1‐4　学歴分断社会の姿（05年 SSM 調査）

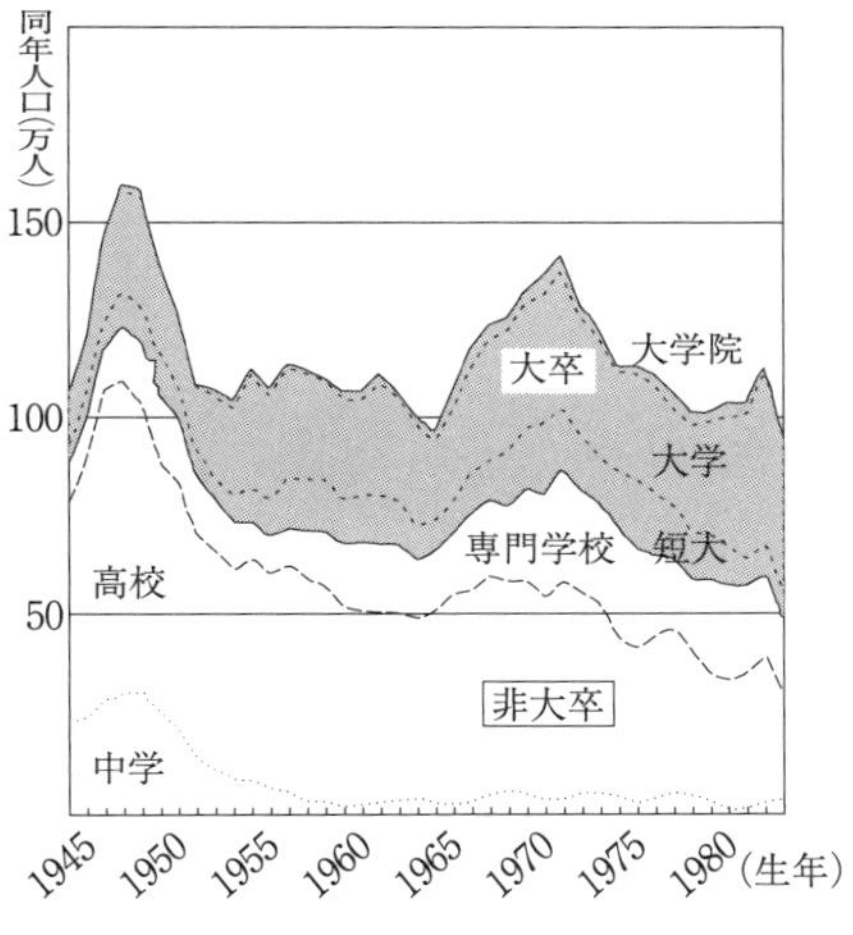

これが、わたしたちが生きる学歴分断社会のプロフィールなのです。

この本では、グラフを上下に二分することの学歴分断線を社会分析のベースにして、格差社会を論じ直していこうと考えています。少し勘のいい人なら、生年によって徐々に位置づけを変えていく学歴分断線をながめて、これが商品開発時のターゲット設定や顧客層の分析、政党の選挙戦略の策定、さまざまな組織活動や交友関係のしくみを読み解く際に、たいへん役立ちそうだと感じたかもしれません。自分がなんとなく考えていた格差社会の境界線は、ちょうどこんな感じになっている、と思った人もいるでしょう。実際、この学歴分断線は、人びとの職業にかんするチャンスとリスク、経済的な豊かさと貧しさ、子どもを育てるときの戦略、文化的活動、余暇、消費行動、政治的な行動の傾向、あるいは階層の上下のとらえ方、希望、意欲などに大きな影響力をもっています。要するにどんな格差現象を分析するのにも、たいへん好都合なのです。

しかしこの分断線はいまのところ、十分な研究が蓄積されていないため、現代社会の目立たないところに置き忘れられています。日本人は学校教育や学歴を考えるとき、いじめ、不登校、学校での事件、教員の問題行動、学級崩壊、高校中退者といった逸脱的な問題か、さもなければ上流私立学校への「お受験」、東大出身エリート、ノーベル賞受賞者といった超上層の「特異」事例を話題にしがちです。

けれども、最も人口が多い社会の真ん中あたりで何が起きているのかということについては、これまで意外なほど無関心でした。学歴分断線があまり話題にされてこなかったのは、このような現代日本人の興味の盲点に入っていたからです。

直感的にもわかることだと思いますが、社会の真ん中に引かれた分断線というのは、社会の上端や下端に引かれている線よりも多くの人にかかわるため、大きな影響力をもちえます。しかもこの比率で上下が分かれている場合、ちょうど真ん中という人たちがいないわけですから、「普通程度の学歴」や「平均的な学歴」を示すことができず、分断された状態にあるといわざるをえないわけです。このことは、だれもが「学歴格差の社会」に巻き込まれる状況を生みます。いまの日本社会を広く見渡してみても、9対1とか7対3ではなく、このようにほぼ5対5に社会を分ける区分線は、性別を別とすると、この学歴分断線以外には存在していないのです。

この学歴分断線が、現代日本社会にいかなる現象をひき起こしているのか。読者にはこのことがたいへん気になりはじめたと思います。

第2章

格差社会と階級・階層

†「格差」への詰め込み

日本を格差社会だとする見方は、98年頃から論じられるようになりました。わたしたちはもう10年も、格差や不平等を話題にしていることになります。社会の上下の序列、つまりわたしたち社会学者が階級・階層と呼んでいるものに対して、これほど長い間、これほど熱い世間の関心が向け続けられているということは、これまでになかったことです。

この格差社会論の中身はおおよそ次のようなものです。

現在、人びとの地位が、上層と下層、「勝ち組」と「負け組」に分断される傾向がみられるといわれます。加えて、この上下のばらつきが、親から子へと受け継がれやすくなったことも指摘されています。これが階層固定化、不平等化、階層再生産などといわれる現象です。

さらに親の世代から受け継がれた格差は、若者たちの意欲・希望・不安、自尊感情などの違いを生んでいるといわれます。上層と下層では、人生の早い段階から将来展望のあり方が異なってくるというわけです。そして下層にあっては、努力しても仕方がないという思いや曖昧な不安が、働き方や日々の仕事への取り組み方に影響を及ぼし、この層の若者たちの多くを、正社員としての安定した職に就け（就か）ないニート・フリーターにしています。

働いてお金をもうけることにかぎらず、親世代と同居するか独立するか、異性との交際や結婚をどうするか、どのタイミングで何人の子どもをもつかという家族生活においても、上層と下層の分離が進んでいるといわれています。

ここでも、親の経済力をあてにすることができる上層は、もともと晩婚少子傾向にあることもあって、安定した生活を築きやすいのですが、下層においては人生のスタートからリスクが大きいにもかかわらず、早く結婚して子どもも多く、仕事も家庭も不安定で流動的になりやすい（転職や離婚が多い）とされます。さらにこの数年、子育てや教育の戦略にも上下の格差が生じていることが話題になっています。

どのような雑誌を読み、どのような店で何を買うか、週末をどのように過ごすかという消費やライフスタイルにまでも、上下の格差があらわれつつあるといわれています。

この新しい格差社会はいま、見定めにくいものでありながら、二極化、閉鎖化、固定化といった強い修辞をともなって語られています。このような格差の現実が、この10年ほどの間に急速にたちあらわれ、現代日本を覆いつつあるといわれているのです。

しかし諸外国をみてみると、日本のように爆発的な格差言説の氾濫《はんらん》が生じているところはないようです。欧米社会では、慢性的な階級問題、エスニシティ問題が、いわば永遠の政策課題ですから、格差があらためてブームになるようなことはありません。

報道によると韓国や中国でも大きな階層差が問題化しているとされます。けれどもこれらの社会では、じつは「両極化」「差距」というそれぞれ別の表現が使われているのだそうです。どちらも「格差」という漢字の熟語がもつイメージとは異なります。ですから世界各国の「格差問題」は、ジャーナリズムによる日本語への意訳であって、「格差」が流行語になっているのはあくまで日本だけだと考えるのが正しいのです。

それにしても、そろそろ多種多様な格差社会論の交通整理がなされてもよい頃合いです。というのも、いかなる状態が格差「問題」なのかが問われないままに、研究者、政治家、評論家、ジャーナリストといった議論の「生産者」と、それらの「消費者」である読者・国民が、意味のないやり取りをはじめているように思われるからです。おそらくいまは何でも「格差」と表現しさえすれば、とりあえず時流に乗りやすい状況にあるのでしょう。その結果として地域間格差、世代間格差、教育格差、女女格差、果ては「子ども格差」「格差世襲」「格差婚」などというように、「格差」という言葉があまりにも幅広くあてはめられて、混乱が生じはじめています。言説のブームとは常にこうしたものなのですが、まさに「格差論バブル」といいうるような状況になってしまっているのです。あるいはこれを、かつての一億総中流のブームになぞらえて「一億総格差」と呼ぶこともできるでしょう。

それでは、格差というただひとつの言葉に対する意味の過剰な詰め込みを、わかりやすく解きほぐすにはいったいどうすればいいのでしょうか？

このことを少し考えたとき、私はまず微妙なニュアンスを言い分けるために、複数の漢字をあてればいいのではないかと思いつきました。つまり較差、隔差、拡差、確差、獲差……などという具合に、カクサの同音異義語を細かく使い分けるのです。こうすれば指し示しているものごとがいかなる差の状態なのか、あるいはどれだけ重大な問題なのか、ということをはっきりさせて、議論のすれ違いを避けることができると思ったわけです。

これは悪くないアイデアだと自負しているのですが、このような小手先の工夫では、私自身も「格差論バブル」に悪ノリした言葉遊びをすることになってしまいます。社会の姿を調査データから測り出す立場から提唱すべき整理法ではないかもしれません。それでもこのように考えてみると、「格差」ではなくて単なる「差」、あるいは「差異」や「異質性」と呼ぶほうがふさわしい現象が含まれていたり、絶対的な問題と相対的な問題の入り混じった状態があったり、差を生じさせる要因をめぐる議論などまでひっくるめて「格差」と呼んでしまったりしていることに、あらためて気が付きます。

†格差と品格

続いて私が思い至ったのは、現代日本の格差論の特徴は、むしろ「格」という漢字のほうにあるのではないかということです。シンプルに「差」といってしまってもおよそ通じるものごとに、あえて「格」という言葉が付け加えられているところに、「格差論バブル」を生み出すカラクリがあるのではないかとみたわけです。

実際、格差社会への世間的注目の高まりと並行するようにして『国家の品格』『女性の品格』という本が立て続けにベストセラーになり、「品格」という言葉は息の長い流行語になっています。また「○○ランキング」といったテレビ番組や雑誌があったり、スポーツ・ニュースでは、単に勝敗の結果ではなく、「格の違いを見せつけ……」とか、「格段の差」と解説を加えることがあります。現代日本人が大事にしているのは単なる「差」ではなく、どうやらこの「格」であるようなのです。

では「格」とはいったい何でしょうか？　『広辞苑（第五版）』を引くと、第一に、のり、きまり、法則、やり方とあります。「格式」「合格」「規格」という場合がこれにあたります。第二に、身分、位、等級とあります。第三は、ただすこと、きちんとしていることであり、「厳格」「格納」というのがその例です。そのほかには、木を四角に組んだもの、用例として「格子」「格天井《ごうてんじょう》」などもありますから、語源はどうやら枠を囲って区別するということにありそうです。ここから、格というのは実態として存在する亀裂ではなく、差異のグラデーション（濃淡）に、あえて区切りを与えるという意味をもつ言葉だとわかります。

というわけで格差とは、本来は切れ目なく続いている人びとの地位の上下関係に人為的に境界線を引いて、位階（ヒエラルヒー）の構造をはっきりさせたものだということになります。もっとも、そこまで突き詰めて考えながら格差という言葉を使っている人はそう多くはないと思いますが。

そもそも、日本は他の社会と比べると、社会的な区分が明瞭ではありません。たとえばアメリカ社会ならば、人種のサラダ・ボウルなどといわれるように、アングロサクソン・プロテスタント系、アイルランド系、ユダヤ系、アフリカ系（黒人）、イタリア系、アジア系、ヒスパニック（中南米出身者）といったエスニシティが、人びとの目に付きやすいところにむき出しになっています。それが社会的な上下の骨組みになって、職種（消防士、警察官、研究者、雑役作業員など）、住んでいる街区、通っている教会や行きつけの小売店といった、いくつかの社会の区分線が、お互いの線引きを補強しあって、さらにはっきりしたものになっているのです。レストランに入っても、自分とは違う特定のエスニシティの人たちばかりがいるというようなことがよくあります。通りすがりの日本人旅行者にも実感できるような日常的な部分に、明らかな境界線があらわれているのです。

これらと比べると、日本では社会的に高いか低いかという序列は明瞭ではなく、ゆるやかな差異のグラデーションをなしているとみることができます。こういう社会の状態を論じるとき、社会学では「社会階層」という言葉を使っています。

もちろん日本にも地位や役割の上下について、深刻な境界線が存在してはいるのですが、そのほとんどは社会のきわめて上層か、きわめて下層の端に集中する傾向があります。ですから社会の中央部分の様子を他の社会と見比べたときの、日本社会のぼんやりと霞がかったような不明瞭さは特筆されるべきだと私は考えます。

これは直感に基づく感想を述べているのではなく、社会調査のデータを日々分析している研究者として私がとくに強調したい、日本社会の実像を「触った感覚」のようなものです。このことは「中間層の地位の非一貫性」として、70年代からいわれてきた事実でもあります。

†日本社会における格

さて、いくぶん逆説的な主張になりますが、日本社会には、上下の区分がこのように不鮮明であるがゆえに、あえて人為的な区別を取り入れて社会の骨組みを整えようとする姿勢が伝統的にあります。日本人あるいは日本文化が好んで用いてきた「格式」という概念がこれにあたります。

たとえば社会学者の西山哲郎氏は、スキーのように明治以後に西欧から入ってきた近代スポーツでさえも、現在のように普及するにあたって、「○級」や「○段」といった段級制度による格付けが重要な役割を果たしたことを指摘しています。段級制度は、茶道や華道の家元制度や柔道、剣道、合気道などの日本武道において発展したしくみで、その目的は、技量の達成度や優劣に区切りを与えて、かたちがみえるようにすることにあります。いうならば単調な斜面に、あえて階段や踊り場を作って歩きやすくするのと同じです。

こんにちの日本社会においても、この段級制度はさかんに用いられています。たとえば珠算や書道、簿記検定、英語検定、新しいものでは情報処理検定、漢字検定、「ご当地検定」など、いくらでも挙げることができます。その背後には、「格」を人びとが依然として希求していることがうかがえます。

別の角度からも、日本社会のなかでの「格」の重要性について示すことができます。川島武宜という半世紀ほど前の法社会学者は、日本の農村における家族制度について論じるなかで、「家格」というものが身分階層を固定的にしていると指摘しました。家格は伝統的な家制度を成り立たせてきた秩序のあり方です。しかしそれは、子どもの頃から村人が身にしみて理解しているコミュニティの不文律、つまり掟《おきて》のようなものですので、その村にしっかり入り込まないとみえてきません。

同じ社会の上下関係を形作るしくみでも、先ほど引き合いに出した欧米社会の階級区分の明瞭さと比べてみると、日本の〈家〉格というものが、たいへんデリケートなしくみであることがわかると思います。

こんにちでは、このように表立ってあらわれない上下関係を立証することは難しくなりつつあります。それでも、社会の上層においては家格の実在を垣間見ることができます。たとえば平成に入った頃から、二世議員をはじめ、二世タレント、二世アスリートや、伝統芸能の名跡襲名などが話題になるたびに、その系譜がいかに正統であるかということが報道されることが増えたように思います。このような現代日本の「家柄の再発見」の背後には、一般の人びとが〈正当な〉世代間継承に高い関心をもっているということがあります。しかもそれは、世代間の閉ざされた受け渡しに対する後ろ指やバッシングとしてではなく、むしろ誇らしげな輝きをともなったものであることが多いようです。

そもそも世界各国を見渡して、国家元首の子や孫が、民主的な手続きを経て同じ地位に就くことを国民の多くが好意的にみている社会を、いくつ挙げることができるでしょうか。

アメリカや北朝鮮など他社会の事情はどうなっているかわかりませんが、日本では小泉純一郎、安倍晋三と国務大臣級の代議士家系の首相が続いた後、ついに福田赳夫・康夫という親子二代の首相経験者を出しました。そしてその後継も、著名な宰相の孫である麻生太郎でした。全国民が等しく総理大臣になる可能性をもっているとすれば、このようなことが続く確率は何千万分の一であるはずです。

社会学の目でみると、これは江戸期の庄屋・名主以来の「家格」の高い農村部の旧家の当主が（多くの場合、○太郎、○一郎という嫡子《ちゃくし》としての名をもっています）、市町村長に選出されるときと同じ力学のもとにあるようにみえます。

ここにもまた、日本人の「格」へのこだわりをうかがい知ることができます。現代日本のこのような「家格コンシャス」（過剰なほど家格を大切に思うこと）は、親子の間で地位が受け継がれることへの不思議なほど温かいまなざしを生んでいます。しかもそれは、平等な社会を目指すという民主主義社会の表向きの理想と対立することなく共存しているのです。

これまでの議論をひとまずまとめるならば、格とは厳然とした境界でありながら、しかしなかなか目にはみえにくく、越えやすいようで容易には越えることができない上下関係であるということになるでしょう。きわめて日本的なこの境界区分は、人びとに意識されているようで意識されていない、愛されているようで疎まれてもいる、不思議な存在なのです。

そして現代日本では、この格にポジティブな光が当てられるとき「品格」となり、ネガティブに扱われるとき「格差」となって現代の諸現象の核となっています。さらに学歴や教育に連なる言葉である「資格」「合格」、消費生活における「格安」など、多くのホットなキーワードの平仄《ひょうそく》を整えているのです。

†格と階級

それではこの「格」を、あえて英語に直すとすればどうなるでしょうか?

おそらく厳密にいうなら、ランク(rank)あるいはディスティンクション(distinction)が対応すると思われます。ただし欧米社会では、日常生活に根ざしたディスティンクションの枠組みをあらわす言葉が別にあります。それこそがクラス(class)、つまり社会階級なのです。

階級は、産業社会のなかで、人びとがどのような地位にいるかということをあらわすものです。「労働者階級」「中産階級」「資本家階級」というような言い方を耳にしたことがあると思います。社会学において「階級」あるいは「階層」は、地位や威信や勢力、チャンスの分配の不平等をさすとても大切な専門用語です。

日本の社会科学は明治以来、欧米の産業社会の実態を説明する道具立てを取り入れてきました。階級というまさにクラシックで格式のある用語も、日本では150年ほど前から使われはじめた言葉です。ところが、どうもこの階級という言葉は、日本人の日常生活にうまく定着しませんでした。それは、もともと欧米では階級というものが日々の生活に根差した権力のかたちを表現する生きた言葉であるのに対して、日本においては「身分」と呼ばれていた上下の秩序を一新するために「輸入」された、堅苦しい言葉だったからだと思います。

こうしたいきさつに加え、30年ほど前までの日本社会では、階級についてちゃんと論じようとするとき、その正統な理論（主にマルクスによる定義）に立脚して、専門用語で固めなければならないという「ルール」がありました。「労働者と資本家の区別はどこにあるか？」「中産階級とは何か？」「〇〇はブルジョア的か？」「搾取とはどういうしくみか？」といった一連の問いに即答できることが、「階級」を使いこなすための必須条件だったのです。しかしこれは、クラスという言葉を日常生活に定着させることから、ますます遠のいてしまうという皮肉な結果を生みました。

というわけで、格と階級は似ているのですが、単純に格差社会イコール階級社会だとは私には思われません。ただ、後述するとおり、この階級の「空振り」の歴史の後、わたしたちの社会には総中流の時代があって、「階級」はすっかりどこかに追いやられていました。ですから、長く禁忌の対象であったこの種の「格」に対する国民の募る想いが、格差社会のブームの原動力になっているのは間違いないと思います。

†経済的格差と社会学的格差

ところで格差というと、やはり所得や資産が豊かな人たちと貧しい人たちに二極分化していくというような、経済的な問題を真っ先にイメージする人が多いのではないでしょうか。実際、金銭的な貧富の問題は深刻なものに違いありません。所得格差を小さくすることや貧困との闘いは、ノーベル経済学賞の対象となる世界共通の課題でもあります。何より「お金持ち」とか「貧困層」という言い方は、世間一般でとてもわかりやすいものですから、これらは社会的地位の上下を意味する重要な指標とされてきました。

けれども、いまの格差社会論について社会学者である私がしばしば感じるのは、生まれて、育って、働いて、お金を儲けて、楽しく豊かに過ごすという人生のステップの後ろのほうに焦点が定められがちだということです。折り重なっている格差の要因の奥のほうにあることには触れず、表面にみえやすい経済活動ばかりがさかんに話題にされているのです。もちろん、経済学にもさまざまなアプローチがあり、最近では幅広い社会分析がなされています。ですからここでは、従来の狭い意味での経済学の考え方をイメージしてください。

そもそもお金とは何なのかといいますと、個人の財や富や労働力を、移転や交換が可能なものにして、流通しやすくするしくみのことです。経済的な富は、親子の間はもちろんのこと、第三者にさえ相続・譲渡することができます。どんどん蓄積したり、自由に分割したり足し合わせたりもできます。それゆえお金についての格差は、比較や受け渡しが難しい学歴や職業といった地位の上下関係を、都合よく換算し、移し変えるための媒体になりうるわけです。

具体的にいうなら、ある人が大手企業で部長をしているという「勝ち組」の職業的地位を、だれかに譲ろうとしてもできません。あるいは一流大学卒の父親が、その学歴を息子や娘に「襲名」させることも不可能です。知識やパーソナリティやイケメンのルックスなども、丸のまま世代間で伝達することはできません。これらは、できるものなら譲りたいけれども、それが不可能なものばかりです。

けれども、お金にかぎってはたやすく受け渡しができます。この点で経済的なものごとは、一番扱いやすい格差なのです。直接受け渡すことができない学歴や職業も、お金を注ぎ込んで子どもを私立の学校に進学させたり、塾や習いごとに通わせたり、事業資金を援助してやったりすることで継承されていくのです。

経済的なものごとの扱いやすさはまた、格差政策にも結びつきます。累進課税制度や相続税制度によって豊かな人たちからお金を多く集めて、多くの貧しい層に社会保障などとして再分配するのが経済学的な格差対策です。これはすぐに実行に移せるため、とくに税制や福祉制度については、さかんに政策が提言されます。けれどもいくらお金の再分配で帳尻を合わせても、学歴や職業などの地位の上下差や人びとの格差意識まで政策で調整するのは容易ではありません。

たとえば次のようなことを考えてみてください。

いまここに同じ能力をもち、同じような生育環境のAさんとBさんの2人がいます。Aさんは人生において成功している、いわゆる「勝ち組」です。彼は自分が人一倍の努力をしたので、それが報われていまの成功があると考えています。これに対してBさんのほうは、努力しようにも家庭環境に恵まれず、運にも恵まれなかったと言っています。2人の間には現在、経済的な豊かさにおいて、おおいに差がついてしまっています。

このときAさんは、「自分のいまの地位は自分の努力によるものだ。そしてBさんがうまくいっていないのは努力が足りないからだ」と考えています。これは自由競争社会のイメージです。他方、Bさんのほうは「自分の人生がうまくいっていないのは社会のせいだ。Aさんが「勝ち組」なのは、単に運がよかっただけだ」と考えています。

このようにわたしたちは、自分が成功すれば努力が実を結んだのだと考えがちで、自分が失敗すれば社会に問題があるからだと考えがちです。しかし同時に、他人の成功は社会的な追い風によるもので、他人の失敗はその人の自己責任だと考える傾向もあります。

実際は、「勝ち組」でも「負け組」でも、生まれて、育って、社会生活を営むという人生のあゆみにおける成功や失敗には、個人に帰するべき事情と、社会に帰するべき事情が混在しています。ですから、できることなら個人の努力の成果は削らずに、社会のしくみの不備だけを選び出して調整すべきなのです。

ところが、結果として生じた経済的な格差を調整する方法をとったのでは、個人に帰するべき努力の成果と、社会に帰するべき不平等を区別なく均《なら》してしまうことになるのです。するとAさんのような「勝ち組」にとっては、自分が努力で勝ち取ってきたものまで不当に削られて、努力をしていない（とみなされる）人たちに分け与えるということになります。他方Bさんのような人は、努力が十分であったかどうかは省みず、社会保障を受けるのは当然だと考えます。

そういうわけで、いくら経済的な意味での結果の平等が図られても、努力で勝ち得たと思っている部分を削られる側は迷惑に思い、社会のせいで不足している（と思える）分を要求して受け取る側は、ありがたがることがないという、格差をめぐるある意味で殺伐とした人びとの思いが、解決されずに残ってしまうのです。このことからは、「格差問題」の核心にあるのは、お金の最終的な分配方法ではなくて、人生のプロセスにおける不平等と、それにかんする人びとの理解の仕方だということがわかるのではないでしょうか。

加えて、経済学と社会学の格差社会論は、扱う年数の幅も異なっています。経済学からみた場合は、3～5年という政策（年金・税制に関する改革、教育改革など）や景気変動の周期に合わせて格差のあり方が論じられます。新聞の政治面や経済面を読めばわかるとおり、この種の格差対策は、政権が変わるたびに外科医の緊急手術にも似た緊迫感をもってなされる「即効性」のあるテコ入れ策です。

他方、社会学から格差社会を考えるときは、親と子の関係や、生まれてから大人になるまでの人生経験をみます。これはいますぐ手を打ったとしても、20～30年後にようやくその成果があらわれるという、ゆっくりとした時代の変化に注目するということです。この見方でとらえる格差の現象は緊急の対策を要するものではありませんが、慢性の生活習慣病あるいはメタボリック・シンドロームのように「体質改善」の難しい、日本社会の根深い特徴によるものなのです。

たとえば、団塊の世代、団塊ジュニア、平成の少子化世代などの人口の増減、都市と地方の産業の異なり、一人暮らし世帯、核家族世帯などの家族のかたち、結婚や出産の年齢、離婚率や子どもの数、そして大学進学率などは、長い歴史の末に成り立っているものですから、3年や5年では大きく動かすことはできません。

そういうわけで、社会学者は格差社会について、その実態を正確に調べて指摘するのですが、格差是正策の緊急提言をすることは多くありません。これは、気象予報士が天気概況を科学的に正しく解説するいっぽうで、決して曇天を晴天にすることができないのと同じことです。

いま日本人は、10年におよぶ格差への国民的な関心の末に、「経済格差を発生させているのは、職歴や学歴、子育てや家族などにかんする、修正の難しい日本社会の動きなのではないか」ということにだんだん気付きはじめています。この点では、日本社会の骨組みの大きな変化を見渡す社会学的な格差論がより重要な役割を果たすときだといえるでしょう。

†三つの時代

「中流崩壊」「さよなら総中流」といわれるように、いまの格差社会は総中流の次の時代だと位置づけられています。総中流というのは、高度経済成長の終わりごろにいわれるようになった、社会的な地位の上下のとらえ方です。この総中流の時代は、さらにもう一つ前の戦後期との比較のうえに成り立っています。

そこで、過去60年の日本社会を、はじめの25年、次の25年、そしてこの10年（プラス近未来）という三つの時代に分け、それぞれを戦後社会、総中流社会、格差社会と呼ぶことにしたいと思います。

先日、学生と話をしていて驚いたのですが、かれらにとって「終戦」はもちろん、「高度経済成長」や「一億総中流」さえも、授業で教えてもらわなければよくわからない昭和の歴史なのだそうです。ある年齢以上の方には周知の事実ですが、ここで階級・階層ということに焦点を絞り込みながら、時代の流れを確認しておきましょう。

戦後社会（45～70年頃）は、破壊と絶対的な貧困に打ちひしがれるなかで、国中で民主主義が高らかに唱えられた時代です。それゆえ、社会の下層にいる多数の労働者階級こそが、政策の主たる対象となるべきだということが主張されました。社会の底辺にあって、日々汗水流して働く労働者の所得や生活水準の向上が目標とされて、その実現の方針をめぐって保守―革新のイデオロギー対立が生じ、55年体制といわれる政党政治が成立しました。日本の歴史のなかで唯一「階級」という言葉が、「われわれ労働者階級！」というように、生きた使い方をされていた時代だったといえるでしょう。

ほどなく戦後の日本社会では、経済復興が進んでいきます。GDP（国内総生産、当時はGNPという類似の指標を使っていました）が伸び、個人や世帯の所得が爆発的に増え、給与所得者（いわゆるサラリーマン）が増え、職種もホワイトカラー化して、国民生活は右肩上がりに豊かになったのです。

この高度経済成長は、次の総中流社会（70〜95年頃）を導きました。70年代後半から80年代にかけて、日本では国民一人ひとりもジャーナリズムも政策立案者も研究者も、「一億総中流」ということを話題にしました。日本は中間層が大半を占める社会になったのではないかといわれたのです。

そのそもの起源は、社会学のデータから中意識の増大という現象が確認されたことにあります。「日本社会を上・中・下という層に分けるとすれば、あなたはどこに入ると思いますか？」と世論調査や社会調査で尋ねたとき、高度経済成長の間、「下」だと答える人の比率が減っていき、70年代に入ると80％以上の人たちが自分は「中」だと答えるようになったのです。当時このことは「日本人の9割が中流！」という具合に、マスコミで大きく取り上げられました。これ以降、「中意識」あるいは「中流意識」ということが国民的な話題となったのです。

これを受けた総中流論の流れは、おおよそ次のようなものでした。

まず、人びとの意識のなかで中間層は爆発的に増えているのだが、現実の日本社会でも中間の生活水準の人が本当に増えたのだろうか?ということが問われました。けれども、「中」という評価の基準となっていると思われた所得や職業などの暮らしぶりを調べてみても、多くの人が中間的な水準に集まっているわけではありません。そこで、これはいったいどういうことなのか?日本人の何がどのように変化したのだろうか?ということが、ますます活発に議論されたのです。

いまにして考えると、世論調査の質問に何%の人が「中」と答えるかという、あやふやな事実をバロメータにして、産業や職業の実態変化のトレンドを語ろうとするのは、無理無体な論理展開です。しかし、当時は東京大学の教授たちですら、このとりとめのない社会風潮を相手に、大真面目に論争をしたのです。

ずいぶん後になってから私は、この時代の総中流意識(階層帰属意識)のあり方がどのようなものだったのか、データを再分析しました。それによると、70年代はそれ以前ともそれ以後とも違い、自分は社会の上下の序列のどこにいるのかという自覚が、社会の客観的な実態(職業・経済力・学歴)と強い結びつきをもたない時代だったことが明らかになっています。ちなみにその後のバブルの時代には、この階層帰属意識は経済力との結びつきを強め、バブル崩壊後には、経済力、職業、学歴に基づいた総合的な判断がなされる、というように刻々と変化していきます（『学歴と格差・不平等』）。

いずれにしても、総中流という表面的な豊かさを称《たた》える文化現象は、戦後社会を席巻していた労働者階級という枠組みをなし崩しにし、世間の関心を中間層に引き上げるはたらきをしました。それゆえこの時代には、「階級」に代わって「階層」という言葉が多く用いられるようになったのです。

階層というのは、階級とは違って日常生活ではっきりと目にみえるようなものではありません。分析する側の都合で人工的に作られる尺度だからです。にもかかわらず、この無機質な言葉をあえて用いることが、その時代の社会の様子を正確にあらわすものとして歓迎されはじめたのです。

しかしいま振り返ると、この総中流＝階層の時代というのは、日本社会が「格」の存在を見失っていた期間でもあります。それゆえわたしたちは、その揺り戻しとして「勝ち組」「負け組」といわれるような集団を「新規作成」して、いまの日本社会のなかに格差を再発見しようとしているのです。

このように労働者階級から中間層へと関心の対象を変えてきた日本社会は、いま（95年以降）格差社会の状況にあります。「ヒルズ族」などと呼ばれた財界や情報ビジネスのエグゼクティブやセレブの暮らしぶりがもてはやされる一方で、リストラ、フリーター、ニート、ワーキング・プアなどという言葉を背負った下層にも注目がなされ、あわせて上下の分化（二極化）が指摘されています。それと同時に働き方の流動化やリスク化、親子の地位の受け渡しの固定化がいわれて、社会のあり方について暗い見通しが語られています。この詳細はすでに述べたとおりです。

†豊かさ・格差・不平等

総中流の時代というのは、日本社会が発展の道を、まっすぐに突き進んでいた時代が終わり、その次の時代がはじまった局面でした。これに対して、そこから30年を経た格差社会は、その新しい社会のしくみが横ばいの状態で繰り返されている時代です。このことを成熟社会と表現する人もいます。

けれどもここで、たいへん腑に落ちないことが一つあります。それは、この安定・膠《こう》着《ちゃく》の時代がはじまった頃は楽観的な一億総中流がいわれていたのに、いまは陰鬱《いんうつ》な社会現象が問題とされているということです。これは水面下で、何かが少しずつ変化しているということです。

この変化を理解するには、「豊か⟷貧しい」「平準⟷格差」「平等⟷不平等」のそれぞれの違いを区別することが大切です。ジャーナリスティックな格差社会論においては、これらが混同して語られることがあるのですが、階級・階層研究の言葉を使えば、すっきり中身を整理することができます。

まず、時代の変化によって人びとの暮らしが豊かになる様子は、社会の状態を示す標準値（GDP、平均所得、大学進学率など）が年を追って高まっていくことから知ることができます。豊かさは、このようにして社会の水準をとらえたものです。

ただしこれらの値は、社会全体の水準について明瞭な情報を示しますが、ここからはばらつきの大きさについて知ることができません。ですから「豊かにはなったが、貧富の差は大きくなっている」といった変化は、これらの指標からはわからないのです。たとえばブータンは経済的な豊かさでみると、日本よりもはるかに貧しい国ですが、人びとの貧富の差が少ない社会であるといわれることがあります。逆にアメリカは、国民の平均所得でみれば世界有数の豊かな国ですが、貧富の差の深刻な問題をかかえています。

そこで、人びとが上・中・下の各層にどんな比率で振り分けられているかという、社会の分布のかたちもみようということになります。これを考えるのが狭い意味での「格差」という言葉です。すなわち格差というのは、ある指標の分布のばらつきの大きさ（差の状態）を意味しているのです。たとえば「所得格差」「資産格差」「階級格差」などの言葉の使い方がこれにあたります。そして、この格差が是正されていくとき、平準化が進んでいるといわれます。

いっぽう不平等は、理念としての平等がうまく実現していないことを意味します。ここでは原因と結果、あるいは出発点・途中経過・到達点といった因果関係が扱われます。さらにその因果関係について、本来ならばこうあるべきだという理想の状態（平等社会の姿）が考えられ、「○○によって△△になるのは不平等だ」というように、二つ以上のものの関係が、望ましい社会状態と照らし合わされて、不平等問題とされるのです。

ですから不平等とは、格差を発生させる因果的なしくみを意味するもので、豊かさの程度や分布のばらつき（格差）とは異なる次元のものごとだと考えればよいのです。たとえば、親の地位や所得が高いほど、子どもが高い学歴を得やすかったり、高い地位を得やすかったりするとき、そこに不平等と呼ぶべき状態が見出されるわけです。

そして、一般に「格差問題」といわれる場合、そこで扱われている主要で深刻な「問題」は、じつはこの不平等の次元のことなのです。とりわけ社会学では、親子の世代間関係の不平等を重要な論点としてきました。

けれどもいま、少なからぬ格差社会論では、この豊かさ・格差・不平等が、ごちゃごちゃのまま語られています。これらすべてを「格差問題」と呼んでしまうと、議論はとても不透明なものになってしまいます。

そしてその不透明さは、総中流の時代に、成長と平等化の違いを明確にせず、時代の明るい空気をなんとなく「一億総中流」だと語ってしまったその論法を、格差社会論が引き継いでしまったことによります。だからこそ、平成の日本人が「豊かな高原期が長く続いていることと、格差が拡大していくことは別の次元の現象なのだ。社会的不平等はこれとはさらに異なる次元にあるのだ」ということを、ちゃんと理解できるリテラシーをもっているかどうかは、とても重要なことなのです。社会学者の原純輔氏と盛山和夫氏はこの点について、いまの日本を「豊かさの中の不平等」の状態にあるとみるべきだと主張しています。

†変動論をイメージする

続いて、豊かさ・格差・不平等の時代変化の様子を考えてみましょう。

社会の変動について考えるときは、横軸に時間をおき、何かの指標についてグラフがどう上下するかをみることになります。ここでは時間軸を、前述した「戦後社会」「総中流社会」「格差社会」の三つに区切ることにし、社会の変動をみる視点として、豊かさ、格差、不平等の三つを考えていきましょう。

図2-1　豊かさの変化の実測例

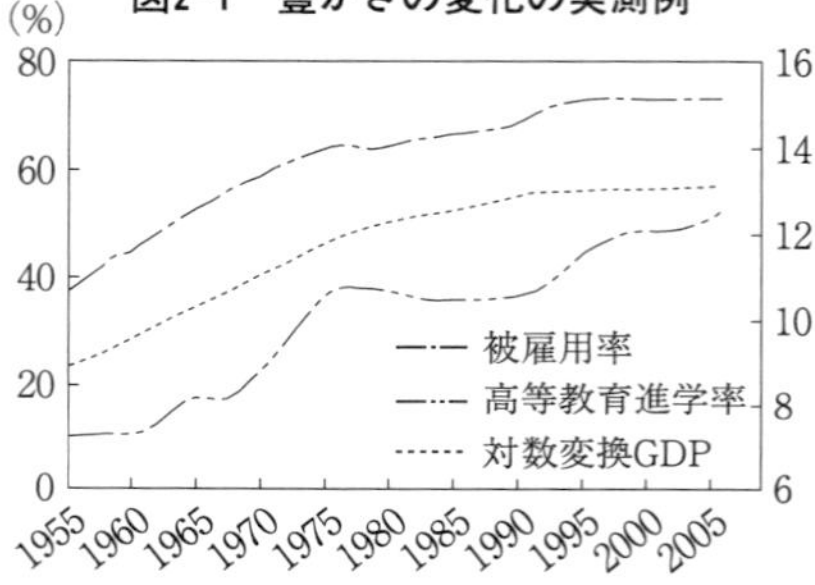

まず豊かさについて、図2-1のグラフをみてください。学歴の水準の変化をみても、国民経済の上昇率をみても、働き方をみても、日本では多くの豊かさの指標が右肩上がりの後、長く横ばいが続くという趨勢を示します（「豊かな社会の格差と不平等」『Do! ソシオロジー』所収）。時代の節目がいつ頃だったかの解釈には違いがあるにせよ、この豊かさのトレンドに異論を唱える人はどの分野にもあまりいません。

そして総中流社会から格差社会までの高原状態は、豊かな水準を維持しているわけですから、よくない状態だとはみなされていません。いまの日本人のなかには、昭和30年代を懐かしむひとはいても、戦中戦後の危機的な生活水準に戻りたいと希望する人は多くありません。現代日本社会には、さまざまな未解決の問題があるけれども、生存を脅《おびや》かされるような危機的状態からは脱して、豊かさの高い水準を保っているからです。

たとえば、いま日本国内で社会問題とされている「ネットカフェ難民」は、冷暖房、飲み物完備の都会の個室でインターネットに接続している人たちです。もちろんその暮らしは相対的にみると不安定で貧しいのですが、アフリカやアジア各地における本当の難民キャンプの生活とは、大きくかけ離れた豊かなものといえます。

いっぽう格差の変化イメージについては、研究者の見解は一様とはいえません。

まず、日本社会の格差の大きさ（小ささ）は、戦後社会からいまの格差社会まで変わっていないとする格差持続説があります。そうではなくて、格差は徐々に拡大しているとする格差拡大説も主張されています。そして第三に、総中流社会においてはいったん格差が減って平等状態に近づいたのだけれど、現在は、戦後社会と同水準まで後戻りしているという再格差化説があります。このほか、戦後社会から総中流社会まで格差は少しずつ是正されてきたが、その後は長く横ばいの状態が続いているとみる、時期を特定した格差持続説などもあります。しかし、格差がどんどん解消されていって理想の社会に接近しているという楽観的な見方はなされていません。

いま日本は「格差社会」だといわれているわけですから、この変動イメージのなかで最も有力な説はV字型の再格差化説（近年の格差拡大）ということになります。なかでも、経済学者の橘木俊詔氏は、ジニ係数という所得の不平等をあらわす指標を用いて、日本社会では80年頃から徐々に格差が拡大していると主張しました。この説は大きな反響を呼び、格差社会論の発端となりました。

ただしこれには、同じ計量経済学の大竹文雄氏によって反論がなされ、水平的な格差持続説かV字型の再格差化説かをめぐって論争となりました。私自身の理解は大竹氏の考えに近く、日本社会全体がV字を描いて悪い方向へと後戻りしているようには考えていません。けれども若い層では、同じ時代に生まれた人たちのなかでの経済力のばらつきが、ここ数年はっきりしはじめているようです。この変化が、格差拡大とみられているのだと思います。

それでは不平等についてはどう主張されているでしょうか?

不平等は、その姿をとらえにくく、直感的な理解の難しいしくみです。このことについては、親と子の職業の結びつき方が時代を追って強くなったかどうかということが、とくによく考えられています。

ここにはまず、産業化が進展するほど平等な社会に近づいていくという、平等化説(産業化仮説)があります。戦後社会から現代まで、日本社会はゆるやかではあるが望ましい方向へと変化しているという見方です。しかし近年、国際的なデータ分析からよくいわれるのは、豊かさを実現した先進社会においても、不平等は完全に解消することなく持続しているということです。これがこんにちの日本社会にもあてはまるとすれば、不平等度の持続説が支持されることになります。

ところが2000年以降、これらの学説は日本社会では主流とはいえなくなっていました。それは、不平等が再拡大しているという不平等社会論が、いわゆる「格差社会論」の一つとして支持を得ていたからです。

不平等社会論というのは、戦後社会から総中流社会へと変化する時期において、日本は平等化を進めたが、それ以後は不平等社会に向かっているという見方です。これをグラフに描くとV字型になります。この説で代表的なものは、上位の職業で親子の結びつきが再び強まりはじめているという、社会学者の佐藤俊樹氏の主張です。

格差と不平等を区別せずに、ただ眺めただけであれば、この佐藤俊樹氏の不平等社会論と、前述した橘木氏の所得格差再拡大説は、同じV字型の変化を論じるものにみえます。実際、そういうまとめ方をする識者も少なくありません。しかし、これらは格差と不平等という別の局面をそれぞれ語っているわけですから、たまたま同じ時期になされた議論であるということ以外に共通点はありません。

しかも、佐藤氏の『不平等社会日本』は、「グローバル・スタンダード」となっている平等化説や持続説をとらず、現代日本独自のトレンドを指摘したものです。それゆえ、この指摘に対しては、大いに異論が唱えられることになったのです。社会学者の石田浩氏によると、佐藤氏の説は最新のデータ分析ではもはや支持されず、現代日本社会はゆるやかな平等化の過程にあるとされます。これをはじめ、ここ数年の研究はいずれも日本社会の平等化を明らかにしています。佐藤氏自身も、すでにこの説を撤回してしまいましたので、V字型の再不平等化説は、今後はトーン・ダウンしていくことになりそうです。私自身も、社会の不平等がこれからもっと深刻になるという悲観的な見方はとっていません。

†格差政策のすれ違い

やや専門的な解説になりましたので、現実的な話をしながら論点をまとめましょう。

２００７年の第21回参議院選挙では「格差問題」が政治争点となり、各政党がそれぞれ対応策をマニフェストというかたちで示しました。ところが、どれだけ論争を繰り返しても、結局、自民党や公明党のいう「格差問題」と、社民党や共産党のいう「格差問題」、民主党のいう「格差問題」がうまくかみ合うことはありませんでした。じつはこれは各党が、豊かさ・格差・不平等を混同したまま、日本社会をみていたからなのです。

このとき与党側が「格差対策」と呼んだものは、正確には豊かさ拡大による生活向上政策と呼ぶべきものでした。つまり経済成長によって豊かさを拡大させ、全員が希望をもてる社会状態を回復しようという主張（「上げ潮派」などといわれている考え方）だったのです。

しかし、国際経済情勢や日本の社会変動の流れをみるかぎり、小幅な景気拡大はありうるとしても、いまの日本社会が再び「坂の上の雲」を目指して進むとは考えにくい状況にあります。にもかかわらず、高度経済成長期の再来をイメージしていたのだとすれば、残念ながらそれは実現可能性のない夢だったといわなければなりません。この選挙ではこの点が有権者に見破られてしまったようで、自民党と公明党の連立与党は大敗してしまいました。

他方、社民党と共産党は、豊かな社会のなかで一向に解決しない社会の上下のばらつきの大きさ（格差）を指摘し、これを平準化すべきであると主張しました。正しい意味での格差是正論ではあったのですが、これは歴史ある両党がずっと主張してきた平等社会への展望にほかならず、言い換えればそれは社会主義的な問題解決なのです。

これら二つのポリティクスは、自由主義的問題解決、社会主義的問題解決という20世紀以来のイデオロギー対立の枠組みに収まるもので、前者が豊かさの追求、後者が格差の平準化という異なる局面を政治争点化しているのですから、相変わらず論点はかみ合わなかったわけです。

これに対して民主党は、現在の格差には社会的な要因によってもたらされている部分がある。その不平等を解消しよう、という主張を展開したようにみえました。たとえばこの政党が課題として掲げた、都市と地方の地域間格差の是正や教育機会の平等化、低所得世帯への教育支援などは、格差を生じさせている要因をみつけて、不平等を生むしくみを改善しようとするものであったと思います。

それならば「格差問題」の尻馬に乗ったりせず、「わが党は、もっと次元の高い課題である不平等問題を考えています」というべきだったのですが、そのようにはせず、「格差問題」という土俵で戦ったことで、歴史的な大勝を収めることができたのでした。

このように「格差」として一括りにされがちな問題には、「豊かだが格差が大きく、不平等な社会」といった一筋縄ではいかない状態が、いくらでもありえるわけです。豊かさ拡大を強調した自民党・公明党、格差是正を争点とした社民党・共産党、不平等を生む構造に注目した民主党の政策が、二者択一の構図にはならず、微妙にすれ違っていたのはそういうしくみによるのです。

第3章

階級・階層の「不都合な真実」

†面白みのない時代

これまで述べてきたとおり、階級・階層研究の考え方は、格差社会のしくみを知るために役立つものに違いありません。けれども、現代日本をこの視点から論じようとすると、どうにも不都合な真実が、このところ目立ってきています。本章ではそのことに踏み込んでいきましょう。

第一の「不都合な真実」とは、分析対象となる時代の移り変わりです。すでにみたとおり、日本社会においては高度経済成長のあと、豊かさの高原状態が30年以上も続いています。この間に、年長世代が退き、古い社会制度も次第に姿を消し、代わって若い世代、新しい社会制度が入ってきました。日本社会はいま、直線的な発展の時代であった20世紀の視野から外れたところに、どんどん重心を移しつつあるのです。

ところが階級・階層の研究では、「戦後日本」といった少し古い社会の見方が相変わらず健在です。私と同じ世代を見渡しても、意外なほど多くの研究者が、戦前から高度経済成長後までの日本社会を依然として論じています。これは、その時代がたいへん魅力的な分析対象であるからです。あらゆるものが変化していく激動の時代をとらえることは、確かに心惹かれることです。それに、歴史としてすでに定まっていることですから、データを読み誤ることもありません。

この急激な変動期から勢いをつけて語ろうとするとき、総中流社会以後、格差社会までの現代日本は、あまり面白みのない時代として片付けられてしまいがちです。しかしこの平板な時代こそが、同時代のわたしたちだけに説明責任が課された研究対象なのです。世の中がこれだけ格差に注目しているわけですから、階級・階層の専門家も、いつまでも過去を語り直している場合ではなく、いま現在を論じるときなのです。

†流動化する職業

第二点目の「不都合な真実」は、階級・階層を考えるときの主柱とみなされてきた職業をめぐる新しい状況です。職業は、ある人がいかにして生活の糧を得ているかということをあらわしています。英語圏では、What do you do?（あなたは何をしているの？）と聞かれたとき、「トラックの運転手です」「幼稚園の先生をしています」など、自身の職業で答えます。日々わたしたちが何をしているかといえば、何かの職に就いて働いている、というわけです。

日本でもことはそう変わりません。たとえば事件や事故などのニュース報道でも「△△市に住む○歳の会社員」「…タクシー運転手」「…飲食店従業員」「…自称○○」「…資産家」「…主婦」などと、その人を知るのに欠かせないプロフィールとして職業（あるいはそれに準ずるもの）が伝えられ、わたしたちはそこからイメージをふくらませます。

ところが、この職業生活にかんして、この数年、見過ごすことのできない変化がみられるのです。それが近頃よく話題にされる雇用の流動化です。

戦後社会から総中流社会までの時代、世帯主である一家の稼ぎ手（通常は男性）は、同じ仕事を何年、何十年という長い期間にわたって続けるものだと考えられていました。「男子一生の仕事」というような職業観があったわけです。ところがいまでは、この枠組みが語られることは、公的にはもちろん、私的にも少なくなってきました。

まずこの15年ほどの間に、正規の社員にならずに仕事を短期間で渡り歩く、いわゆるフリーターという働き方が若い人たちの間で多くみられるようになりました。フリーターの年齢については、以前は35歳以下の人たちだといわれていました。けれども、これは年齢ではなく、どうやら「ロスト・ジェネレーション」といわれる70年代生まれの人たちの雇用・就労の特徴だという理解が有力になってきています。

このフリーターの周辺には、派遣社員やアルバイトとして同じ仕事を続けている人たちがいます。この人たちの場合、正社員との間に給与や賞与の待遇面で格差があることや、雇用が継続される保証がないことが問題とされています。このことは、２００８年の「世界同時不況」のあおりを受けた企業のいわゆる「派遣切り」によって、一気に社会問題化しました。加えて、この人たちは同じ仕事を長く続けても、ずっと「入り口レベル」の入れ替え可能な労働力としかみられません。技能を身につけ仕事に慣れて、その職場でベテランになったとしても、地位の昇進を見込めないのです。このような日々の仕事の条件は、かれらの将来展望や希望のあり方を不安定にしていきます。

こうした非正規雇用の状態にある若者たちは、いま200万人とも400万人ともいわれます。加えてこの数年、職に就かず、学校にも通っていないというさらに消極的な生活スタイルをもつ若者たちが目立ちはじめ、労働経済学者の玄田有史氏の研究によって、これをニートと呼ぶことが定着しました。その数は一説では85万人もいると推計されています。

これがどれだけ深刻な事態かといいますと、非正規職にある若者たちの数は、おおよそ中国5県（鳥取、島根、岡山、広島、山口）の労働力人口と同じ規模であり、ニートの若者たちは徳島県と高知県の労働力人口を合わせた数に匹敵することになります。こうなるともはや、ひと握りの特殊な層の問題などではないわけです。

このほか、2000年前後の不景気が原因で生じた早期退職やリストラ、失業、自営事業主の廃業などによって生活基盤を失った人たちの問題も、いまだに尾を引いています。

また男女雇用機会均等法以降、女性の就業率は確かに高まっているものの、結婚・出産にともなって仕事を休んだり変わったりして、それまで積み上げてきた職歴を生かせなくなる女性が依然として少なくありません。加えて老若男女を問わず、さまざまな理由による転職数も増加傾向にあります。

以上が雇用の流動化、あるいは労働市場の流動化の中身です。この現象は、階級・階層の研究にもたいへん不都合な問題をもたらすことになります。

かつては企業で働くということは、正社員として長く雇われることを意味していました。しかし、こんにちのフリーターには、「今週はコンビニ店員をやっているけど、先週は短期派遣でパソコンによるデータ入力作業をしていました」「一年前は自動車部品製造の期間従業員、いまは介護ヘルパーです」というように、従事する産業も職種もめまぐるしく変わる事例が多くみられます。このような流動的な働き方をしている人たちは What do you do? という質問に対して、決まった職業名をためらいなく答えることができません。これでは、階級・階層を測り出すために必要な「職業的地位」を確定することができないのです。しかも、流動的な働き方をしている人たちの職歴は、昇進や独立など計画に基づく連続性のあるステップではなく、うわついた変化になりがちです。

このことは、日々の仕事と、その人のものの考え方や生活スタイルとの結びつきを弱めます。その結果、文化や意識やアイデンティティをつなぎとめる先を、職場や仕事に求めることができなくなっていくのです。

たとえば、かつて各企業の従業員は、日々職場で仕事をこなすなかで、住友金属、トヨタ自動車、日立製作所、野村證券など、それぞれの会社に特有の企業文化を身につける傾向がありました。また、地方公務員なら地方公務員らしい、町工場の経営者なら経営者らしいパーソナリティをもち、とび職はとび職かたぎ、配管工は配管工かたぎを身につけるというのが、ごく当たり前のことと考えられていたわけです。

しかしこんにち、「炭鉱住宅」や「社宅」に息づいていたような階級文化や職人気質、あるいは社風や企業体質は、そもそも存在自体がはっきりしなくなっています。企業と従業員は、長期にわたる固定的な関係を失ってしまったのです。そのため、かつては当たり前のことだった職業と人びとのものの考え方や文化との結びつきが、疑わしいものになってきているのです。

このことは、労働組合の組織率や国政選挙の投票、地域でのコミュニティ活動など、いろいろなところに波及していきます。これは日本社会だけの問題ではなく、ポーランドの社会学者バウマンが指摘する現代社会の液状化、あるいはドイツの社会学者ベックのいうリスク社会とも重なるものです。いずれもマルクスが生きた時代にはまったく思いもよらなかった状況です。

†40歳にして惑わず？

さらに、職業キャリアが流動的になると、生涯を通じて同じような地位をキープし続けることも難しくなってきます。六本木ヒルズから拘置所へという例も実際にありましたが、一人ひとりの人生＝生活の浮沈（ライフコース）が、めまぐるしくなるのです。「世界に一つだけの花……だれもが特別なオンリーワン」といった言い回しが、この数年で広く受け入れられるようになりました。これは一人ひとりのあり方がそれぞれ尊いことをあらわしているわけですから、人生で目指す方向性は様々で、いつ花を咲かせるかという人生のピーク時も、決まったものではなくなってきたことを意味しています。

何歳で何をしているときをその人の人生のピークとみなすかは、元来、判断の難しい問題でした。それでも総中流社会までは、雇用先のために真面目にこつこつ働き続けるという職業倫理が社会全体で共有されていましたから、キャリアのステップを踏み外さずに財産を蓄えていき、無事定年を迎えるという人生を思い描くことができました。この歳でこういうことをしている人ならば、管理職への昇進、あるいは経営者としての独立については、だいたいこうなるだろう。生涯賃金や総資産はおおむねこの程度だろう、という人生の路線が見通せたわけです。

しかし現在では、世間が望ましいとみる人生のルート、予測可能なコース、見習うべきモデルといったものがはっきりしなくなっています。これは、人材コンサルタントの城繁幸氏が「若者はなぜ3年で辞めるのか？」の理由として挙げている、昭和から平成への働き方の変化と重なります。社会全体が流動化している現在、企業の側も、いつどんな変化に見舞われるかわかりませんし、働く側も長く同じ仕事を続けられるとは考えなくなっています。とくに若い人たちには、状況に応じて思いきって働き方を変えることが必要だといわれはじめてもいます。人生の先のほうまで見越して、若いうちは企業で下働きをするというような、計画的なキャリア・ビジョンはすっかり失われているのです。

いっぽう、中学校、高校ではいま、「働く意味を自分なりに考えましょう。一人ひとりの夢に向かって進みましょう」ということが、以前よりもしっかり教えられるようになっているといいます。

そうすると平成生まれの若者たちは、見通しが利かないなかで、それぞれが自己責任で将来目標を設定し、そこに向かう道を自分で設計しなければなりません。人生のどの段階で自分の夢を実現させるのかということも、一人ひとり異なってきます。それが「世界に一つだけの花」の理念だというわけです。いまの日本の若年層は、社会規範を見定めることができず、目標も設定できない状態におかれているのです。これは、フランスの社会学者デュルケムがアノミーと名づけた、不安定な社会状態の典型例といえるでしょう。

階級・階層研究にとって人生のピークの多様化は、とても対応の難しい不都合な事態を招いてしまいます。かつては、親と子の職業にかんする地位の上昇・継承・下降を考える場合、「父親は小売店主をしていたが、私は市役所職員になった」というように、だれでも自分の状態をはっきりいうことができました。しかもその親子間の関係は、人生のどの時点でたずねても、劇的に変わるものではありませんでした。

しかし、いまは自分自身の人生ですら自信をもって「ここが目指してきたピークです」といえない時代です。すべての人の地位競争の勝ち負けを、それなりに客観評価してデータを整理してきた階級・階層の調査研究も、その分析ルールがはっきりしなくなるわけです。

親と子の関係について、それぞれ何歳のときに比べればいいのか、どういう基準で比べればいいのか（職業の地位の高さなのか、それとも安定性なのか、所得や資産か、学歴か）、女性の場合なら父―娘関係をみるべきか、それとも母―娘関係か……など、じつにさまざまな可能性を考えなければなりません。しかも、この「階層ゲーム」のルール設定の仕方によって、それぞれの親子が「勝ち組」にみえたり、「負け組」にみえたりするのです。

少し極端な例ですが、福田康夫前首相は50歳を過ぎる頃までは、学業・職歴ともに伝説的なキャリアを誇る父の福田赳夫元首相に比べるべくもなかったそうです。しかし72歳になって父親と同職の内閣総理大臣になるという遅咲きを達成しています。この場合、人生終盤まで見極めなければ、閉鎖的な継承関係だとすることはできないわけです。このことからもわかるように、世代間移動のなりゆきは予断を許さないのです。

「階層ゲーム」のこの曖昧なルールを思い切って整理したのも、不平等社会論を主唱した佐藤俊樹氏です。彼は、人生の初めの段階をみたのでは、親と比べて上昇したのか下降したのかがよくわからなくなってきたという問題を、分析の手続きによって補っています。すなわち働き方が不安定な若い人たちを視野の外におき、人生後半（40歳時）の父子の職業を比べることにしたのです。そうして導き出されたのがV字型の不平等化のトレンドだったのです。

しかし、この整理法について慎重に考えなければならないのは、「40歳まで働いて、そこで父親の職業を振り返り、自分の地位の上昇・下降を見定める」ということが、まさに昭和の男たちの価値観を煎じ詰めたルールであって、こんにちの若い世代のリアリティからはかけ離れているということです。

たとえば、私がいまの10代の若者たちに「君たちは40歳のときの仕事上の地位を到達点として、そこに向かって世代間の上昇移動を競っているのですよ。眼前の受験や就職という進路決定は、そのためのステップにすぎないのです」と説いてみても、かれらからは「そんな先まで見通せるわけがないですよ」という反応が少なからず返ってくることでしょう。

論点を整理します。従来の世代間移動の研究は、親世代でも子世代でも「正社員」をイメージしたものでした。しかしこんにちの雇用の流動化は、社会調査によって明らかになる職業的地位を、うつろいゆく職歴の一瞬をとらえたものに変えてしまいます。ですから、分析のルールをどのように変えてみても、人生の到達点をとらえることは難しくなっているのです。

この流動的な雇用状況がさらに数十年続けば、子世代の仕事だけでなく親の生業も見定めることが難しくなります。いまのところ親は昭和の働き方、子は平成の働き方という状況ですが、「3年で辞めた若者たち」が親になる頃には、その子世代に親の職業を尋ねると、「自分の親の主な職業ですか？　いろいろやったみたいで一言ではいえません」ということになりかねないわけです。世代間移動という階級・階層研究者が大切にしてきた枠組みには、このような「溶解＝液状化」がじわじわと迫っているのです。格差社会について、確かに実感はあるのだけれども測り出すのは難しいといわれるのも、ここでみたように日本人の働き方のかたちが崩れてきたことが大きな原因だということができます。

†パラサイト・シングル

加えて、家族のあり方についても、世代間移動という枠組みを突き崩してしまう現象がみられるようになってきました。

10年ほど前のことですが、社会学者の山田昌弘氏がパラサイト・シングルという現象を指摘しました。これは、学校を出て職に就いて「大人」になっていても、依然として親と同居して、生活の基盤となる部分については親のすねをかじり、いつまでも結婚せずにいる現代日本の若年層（むしろ中年層というべきですが）をさす言葉です。結婚して家を離れて子どもを生み育てるといった、大人として期待される役割を担うことを著しく遅らせる傾向が、いま若い世代に蔓延《まんえん》しているのです。

パラサイト・シングルの増加は、右肩上がりの成長の時代が終わり、豊かな社会が長く続いているために生じたのだと山田氏は説明します。結婚するとは、親元を離れ、（多くの場合）自分と同年代の配偶者とともに新たに家族をつくるということです。それが豊かでリスクの少ない生活へのステップ・アップであれば、ためらう必要はありません。しかし、結婚すると生活のリスクが高まり、豊かさも失われてしまうのであれば、多くの人はあえて踏み出そうとはしなくなります。

高度経済成長期の日本社会では、若い世代ほど暮らしの豊かさが増していました。そうすると、女性にとって結婚相手となる同年代の男性は、自分の父親よりも安定した勤め先をもつ給与所得者であって、自分の父親よりも学歴が高く、生涯賃金も多いという傾向があったわけです。そのため、生まれ育った家族を出て新しい世帯を築くことは、生活水準の向上につながりやすかったのです。

ところが話を現代に移すと、結婚を後押しするこの動機づけは覆されてしまいます。結婚して新しい世帯を築くことが、かならずしも生活水準の向上には結びつかないからです。安定期が長く続いたため、こんにちの親世代と子世代は、同じような社会で成長し、学歴や職歴についてもそう違わなくなってきたのです。

むしろ若年であるほど貯蓄や資産が少なく、雇用の流動化も進んでいますから、うかつに結婚して家を離れると、豊かさの低下と生活の不安定化につながるわけです。こうなると、若者たちは「できちゃった婚」でもないかぎりは、わざわざ好んで結婚したがらなくなります。それがパラサイト・シングルを発生させた主要因だというのです。

80年代の終わり頃、女性誌で結婚相手となる男性の望ましい条件として「3高」ということがいわれました。高学歴で高収入で高身長という理想の結婚相手はなかなかみつからないという、バブル経済の世相を反映した、いくぶん皮肉まじりのジョークでした。

しかしその後にあらわれたパラサイト・シングル論を念頭におきながら考えると、この「3高」もあながち虚構ではなかったか、という気がしてくるのです。なぜなら、高度経済成長後15年ほど経ったあの時期から次第に、給与所得者割合、平均教育年数、平均身長などいずれをみても、若者たちとその親世代の差が縮まりはじめていたからです（「豊かな社会の格差と不平等」『Do！ソシオロジー』所収）。女性たちの視線でみるならば、自分の父親よりも高い学歴をもち、安定した収入があり、父親よりも身長の高い同年代の男性にめぐりあうことが、当たり前のことではなくなりはじめていたというわけです。

階級・階層について考えるうえでパラサイト・シングルが「不都合」なのは、親元に「寄生」したままの人たちの世代間関係は、いったいどの時点でどう測定して評価すればいいのかはっきりしないということです。結婚して自分が育った家族を離れ、子育てをはじめる人たちについては、親との関係や、自分の子どもに対する教育戦略を、親→子、子→孫という世代間移動として扱うことができます。ところがパラサイト・シングルという生き方は、子どもが到達した地位を親のそれと比較するという分析の枠組みを受け付けないのです。

ここからあらためてわかるのは、階級・階層研究の中心的論点である世代間（職業）移動という考え方は、第一に職業生活の安定を大前提としており、第二に、子どもたちが大人になり親になって、また次の子育てをするという家族生活の安定を前提にしていたということです。それゆえ、パラサイト・シングルの時代の到来は、雇用の流動化とあいまって、階級・階層研究をいっそう骨抜きにしてしまうわけです。

†総中流のスマイル・マーク

山田氏は、だれもが親を越えていた時代から、子どもが親を越えられない時代への転換が、わたしたちに思わぬ変化をもたらしたということを示しました。この時代のとらえ方は、私が新しい学歴社会のとらえ方として第1章で示したことと重なっています。続いてこの見方をさらに進めていくことで、総中流社会が格差社会へと変わっていくメカニズムを示してみましょう。

ここで、親子の職業のつながりを考えるために、読者自身が50年前の農家に生まれたと仮定してください。あなたは戦後の民主主義社会で自由に職に就くわけですが、ここには二つの力がかかっています。第一は、父親の時代よりも農家の数が減り、代わって製造業などの雇用が増えたため、父親と同じ農業からは閉め出されざるをえないという力です。

しかしこれは、社会の平等・不平等とは無関係の職業移動です。

第二は、あなたが農業以外の何かの職に就くとき、どんな仕事でも選べるというわけではなく、農業層からは、社会的評価や収入が高い専門職や事務職に就くことが難しく、製造や運輸などのブルーカラーの仕事ならば就きやすい。けれども専門職や事務職出身の人は、親と同じ職を占有する傾向が強いという偏った職業選択の流れがあるということです。

このように、親子の職業の異なりには、社会の豊かさが変化したこと（産業化）による部分と、純粋な職業選択の機会をあらわす部分が入り混じっています。ごく簡単にまとめると、「目にみえる世代間関係 ＝ 豊かさの時代変化 ＋ 不平等な継承関係」ということになります。

階級・階層を考えるときは、このうちの不平等な継承関係の部分だけを取り出して分析することが多いのですが、ここでは、じつは豊かさの時代変化のほうが、人びとの格差のとらえ方に大きな影響を及ぼしていたということを示します。

総中流社会では、大人たちが自分の親の世代を振り返ったとき、そこには、職業についても、収入や資産についても、学歴についても、とても大きな豊かさの時代変化がありました。図に表すと図3-1のようになります。この図では上層と下層の二つだけを考えています。これは職業であれ、所得であれ、理屈のうえでは何でもかまいませんが、最も現実的なのは学歴です。ここではさしあたり、親世代では高卒（中等教育卒）が上層で、

図3-1　総中流社会の階層意識

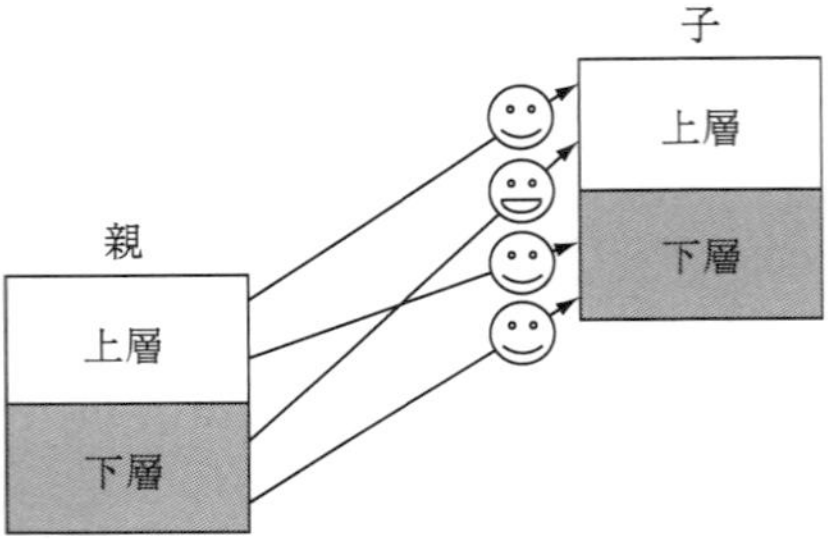

小・中卒（義務教育卒）が下層であると考え、子世代では大卒が上層にあたり、高卒が下層にあたると考えてみてください。

この図では四つの世代間関係のタイプがあります。上層再生産、上昇移動、下降移動、下層再生産という4本の矢印で示した関係です。もっとも、豊かさが劇的に拡大した総中流社会では、それぞれの親子がどれくらい地位を上昇させたか、他人と比較することはあまりありませんでした。それは、多くの人が「隣の家と比べれば」というようなヨコの比較ではなく、「親と比べれば……」ずいぶん豊かな暮らしができるようになった」という親子間の比較をもとにして、自分たちの地位について好ましいイメージを抱いていたからです。この時代は、親よりも子どものほうが豊かな生活を送れるようになっていったので、不平等という本当は大事な問題が霞みがちだったのです。

再び図3-1をみてください。ここで絶対的な水準が親世代よりも豊かになったことに加えて、下層から上層に移動することができた家族は「満面の笑み」を浮かべています。

これは、経済学者の村上泰亮氏が当時「新中間大衆」と呼んだ人たちに相当すると考えられます。かれらは、まさに総中流の時代の「スマイル」を象徴する層だったわけです。

この図で注目していただきたいのは、上層から下層へと下降移動した家族も笑顔になっているということです。これは社会全体として豊かさの水準が高まったために、いままであった仕事を失うとか、これまでの生活水準を維持できなくなるとか、前より暮らしが不便になるとかいったことがなかったため、自分の位置づけが下がったことに気付きにくかったからです。「少し乗り遅れているけれど、世間では右肩上がりの成長が続いているから、いずれ自分たちも浮き上がれるだろう」という将来予測がありえたのかもしれません。小売店主などの古いタイプの自営業主（旧中間層）が抱いていた地位イメージは、このようなものだったのではないかと私はみています。

こうして高度経済成長期からしばらくの間は、上昇のチャンスだけが大きく、下降リスクの少ない一億総「スマイル・マーク」の社会が成立していたのです。この時代にすでに大人だった読者は、みんなが胸に黄色い「スマイル・マーク」をつけていた（そういうブームが実際にあったのです）時代の空気を思い出してみてください。

図3−2　格差社会の階層意識

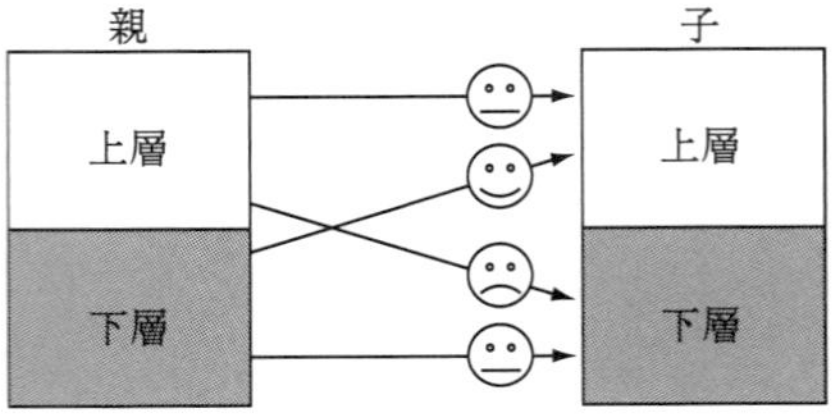

†子どもが親を越えられない時代

しかし、右肩上がりの時代が終わると、子どもの世代が手にする豊かさと、出発点である親世代の豊かさの開きは、徐々に小さくなっていきます。高い水準の豊かさが30年ほど続くと、やがて図3-2の世代間関係のように、親と子の水準がほとんど同じという状態になります。いまの格差社会にあって、わたしたちが自分の生まれを振り返ると、世代間関係はこのような横ばい状態にみえるわけです。

ここでもそれぞれの移動のパターンごとに、自分の地位をどう評価しているかについて「表情」で示してみました。まず上層再生産と下層再生産の親とその子の生活水準は変化していません。親と同じ豊かさの水準であるということを、地位を保ててよかったと感じるか、上昇できなかったことをよくないとみるかは判断が難しいのですが、ここでは肯定でも否定でもなく、その中間にある（無表情）と考えておきます。

この図で豊かさが絶対的な意味で向上しているのは、親が下層でその子が上層になった場合のみで、ここにだけ「スマイル」がみられます。しかし下降移動層の場合は、生活の絶対水準が下がるといういまだかつてない経験をして、困った表情になっています。全体をみると無表情がふたつ、困った顔がひとつで、スマイルはひとつだけです。このように、たとえ4本の矢印の交差の仕方に変化がなくても、階層にかんする人びとの意識のあり方は前の時代とはガラリと変わってしまうのです。

すでに触れたように、総中流社会と格差社会では、階級・階層についての人びとの見方が、肯定や楽観から不安や悲観へと反転していることが重要なのですが、それはここでみたような単純なしくみによるのではないか、と私は考えています。

つまり、こんにち自分の階層について低く評価する「下流」の人たちが目立ってきたことも、「格差社会で失敗すると、生活水準が落ちてしまう」という不安がさかんにいわれるようになったことも、上下層の固定化・閉鎖化が人びとに認識されやすくなっていることも、この図を使って考えることができるのです。これらはすべて、豊かさの時代変化がなくなったために、目にみえる世代間関係イコール不平等だと、見たままを評価できるようになったことによるのです。

この本の主題である学歴を例にして、もう少し具体的にいいましょう。以前は「中卒学歴の親のもとに生まれたAさんが高校に行き、高卒学歴の親のもとに生まれたBさんが大学に進んだ。どちらも同じように親よりも高学歴になる時代だ」ということで、双方が円満な気持ちになることができていました。けれどもいまは「高卒学歴の親のもとに生まれたCさんがまたしても高卒、大卒学歴の親をもつDさんがまたしても大学進学した。上下関係が世代を越えて続いている」というように、不平等を認識しやすい状態になっているのです。

豊かさの拡大期にはみんながポジティブな気分でいられたのですが、高原期が続くことによって、子どもが親を越えられない時代に入ると、わたしたちの階層や地位のイメージは、徐々に醒めたものになっていきます。そしてこれから先、親と子の豊かさの水平的な関係が続くかぎり、いまの「格差社会」は、そう簡単に解消されるわけなどないのです。これもまた、階級・階層の「不都合な真実」の一つに数えられるかもしれません。

読者は、みんなを幸せにするには結局、格差や不平等の是正ではなく、豊かさの向上が最も効果的な方策である（あったのだ）という当たり前の事実に、いまさらながら気付かれたと思います。同時に、天井知らずの成長神話を見込めないこんにちでは、かつてのように社会全体に幸せな気分が満ちあふれることは、もはやありえないということも理解できたのではないでしょうか。わたしたちは、以前よりはずっと不平等があらわれやすくなった社会に対して、クールな気持ちで向き合わざるをえないのです。

第4章

見過ごされてきた伏流水脈

†学歴による地位の受け渡し

本章ではここまで示してきた格差社会の現状に、学歴社会の新局面がどのように関係しているのかを考えていきます。

まずは図4-1をみてください。これは親の職業、子の学歴、子の職業という三つの要素から、世代間のつながりを考えるものです。3本の矢印はその因果関係を示しています。このなかでいちばん重視されてきたのが職業の左から右への世代間関係です。家業の世襲や財産の相続を考えればわかるとおり、ここには直接の関係があります。

親子の地位を結びつけているもう一つの経路は、親の職業と子どもの職業の、学歴を仲立ちとした関係です。ここにも因果関係がはたらいており、たとえば親が小学校の教員で、その子が大学で教員免許をとり、親と同じ小学校の教員になるということがあります。

こうした間接的なルートは地位を世襲しているわけではありません。しかしここには、親の地位が高ければその子はよい教育を受けることができ、高い学歴を得やすいという教育の階層差（教育機会の不平等）があります。その先には、学歴が高いほど地位が高くなるという「学歴社会」の中心的なしくみ（学歴メリット）が待ち受けているのです。いうまでもないことですが、学歴が高い（低い）ことは、明らかにその後の人生にメリット

（デメリット）をもたらします。大卒層と高卒層を比較する研究では、生涯賃金でも昇進でも大卒層のほうが有利だということがいわれますし、高卒層では、大卒層より非正規雇用に陥る確率が高いという分析結果もあります。

この図のなかで、職業の世代間関係と教育の階層差がなくなり、本人の努力と能力だけで学歴と職業が決まるようになれば、それが近代社会が理想とした姿です。しかし世界各国の調査データをみると、職業には世代間の因果関係がありますし、教育の階層差もなくなった国はありません。

図4-1　学歴媒介モデル

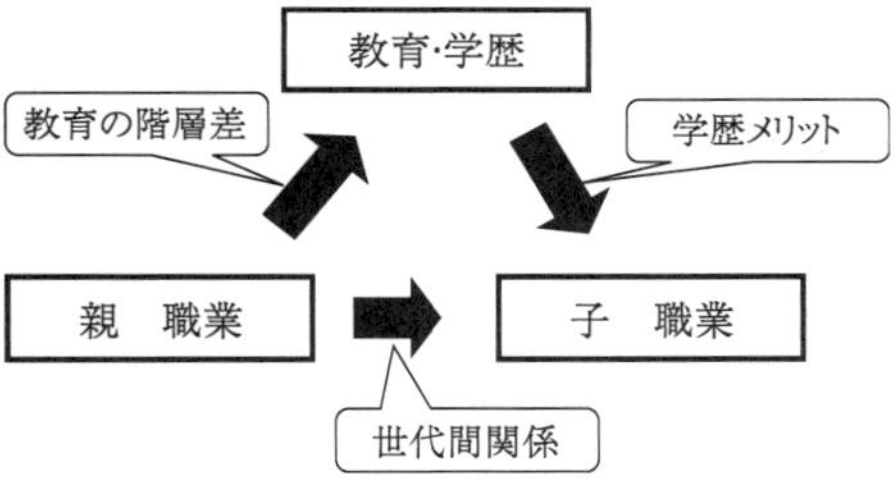

†「教育格差」とは？

以下ではこの従来からの理解の仕方を、現代日本の学歴社会の実情にあわせて、少し手直ししていきます。

まず、ここに組み込まれている教育の階層差についてしっかり考えましょう。この数年「教育格差」という言葉がさかんに使われるようになりました。表現したいことはわかるのですが、これは「教育」と「格差」という、いまの日本人が関心をもっている言葉を安易に重ねただけのものにもみえます。

中身をみると、だいたいこんなふうです。この数年間で、一定水準の学力をあらゆる児童・生徒に与えるという、公立の小中学校の平等原則がどこでも崩れはじめている。他方では、ゆとり教育によって学力水準が低下したため、（公立の）学校で習っていることだけでは一流大学には入れないのではないかという心配もある。そのため、とくに都市部では学習塾に通わせたり、幼稚園から私立校を受験させたりする親が増えはじめている。結果的に、親の経済力によって進路や学力に差が出やすくなっている——。要するにここでは、親の世代の格差が、子どもたちの教育（学歴形成）に影響するという、格差社会論の「応用問題」が考えられているわけです。

その背景にあるのは、学校についての政策転換です。かつての総中流社会では、しつけは家庭でするもので、学力は学校で身につけるものとされていました。それが当時の文部省の基本方針だったのです。しかしいまの格差社会にあっては、さまざまな生きる力を学校でも身につけさせ、学力を家庭でも身につけさせるという、かつてとは異なる方針がとられています。

義務教育とは、同年代の子どもたちを集めて、国中で同じことを教えるということです。そのため学校で教わらないことについては理解度のばらつきが大きくなり、学校で教わったことについては全体の理解度が高まります。ですからいまの学校教育の方針が期待された成果をあげはじめると、テストで測る「学力」の水準は低下し、家庭ごとのばらつきも大きくなるはずです。同時に「人間力」(円滑なコミュニケーションをする能力や社会生活のための常識)のほうはばらつきがなくなり、その「レベル」は高まっていきます。

この「教育格差」を、先の学歴媒介モデルに従って考えるならば、教育の階層差の矢印にかんする議論だということになります。矢印の先にある教育・学歴には、学力・成績、学習時間、意欲、進学率など、小学校から大学までの児童・生徒・学生の、学業にかんするさまざまな局面が含まれています。これに対し、矢印の根元にあるのは親の階層ということになりますが、これについて経済的な問題のほか、いろいろなことが「格差」の問題として一括りにされて語られているわけです。多くの人が関心をもっていることですから、ここで正しい論じ方を示しておきましょう。

そもそも、階層の高低が子どもの教育に影響を与えるルートには、さまざまなものがあります。まず、親の職業によって子どもの受ける教育の質や量が違ってくるという因果関係がいわれます。これには親の階級が子どもの学歴を直接決めているという面もありますが、それだけではなくエスニシティや親の学歴の高さ、経済的な豊かさなど、周辺で分かちがたく絡《から》み合っているものごとが、親の職業による違いを成り立たせている面も重要です。要するに地位の目印（メルクマール）として親の生業《なりわい》が用いられるということです。

こうした見方に裏づけを与えてきたのが文化的再生産論という理論です。これは、親のもつ教養や学校教育に対する有形無形の「構え」が、学校生活や選抜試験で子どもが能力を発揮できるかどうかを左右するとみるものです。この子どもにとっての有利な「元手」を文化資本といいます。

たとえば、教科書や教員の言葉づかいと同じような表現の仕方を、家族や両親が日常会話において使っていたり、子どもがそれに多く触れるような機会を与えられている場合、子どもは学校で、よくできる子だという評価を受けることでしょう。活字を読む習慣、百科事典や古典などへの親しみ方、芸術や常識への見識など子どもに与えられるものも、家庭によって異なります。もちろん外国語教育や留学体験、インターネットなど情報メディアへのアクセスについても、家庭教育のあり方によって、その習熟度は違ってきます。そしてこれらの文化資本は元来、親の職業的な地位の高低と直結しているものなのです。

この理論が何を主張しているかというと、いくら教育の機会を平等にしても、それぞれの親子に内蔵された（身体化された）文化資本という「ソフトウェア」によって、知らず知らずのうちに階層差が世代間で受け渡されるのだということです。

ところが文化資本の豊富さは、はっきりとした地位そのものではありませんので、「あなたの文化資本は○点です」というように数値化することは容易ではありません。簡単には見抜けないというこの潜在性こそが、文化的再生産論が最も強調するところであるわけですが、この考え方を押し出すと、「姿はあらわさないけれども、世代間に大きな再生産ルートがあるのです」と、まるで易学か風水のような説明になってしまいます。

逆にいえば、この点についてわかりやすい目印を得ることができれば、その実在を明らかにできるわけです。そこで欧米社会では、エスニシティが戦略的に用いられるのです。エスニシティは集団の目印としてたいへんわかりやすいので、世代を越えた貧困の連鎖を断ち切るために政策による手助けを求めようとするときなどは、断然アピールしやすいわけです。はっきりと「黒人たちは……」と民族集団を争点にするほうが、「貧困線を下回るほど貧しい層は……」とか「労働者階級の家庭では……」などともってまわった言い方をするよりも、訴求力が強いのです。

実際アメリカでは、ミシガン大学やノースカロライナ大学のようなランクの高い大学をはじめ、多くの州立大学で、その州の有色人種の比率にかんがみて、白人に対しては入学試験の合格基準点を高く設定し、恵まれない有色人種に対しては低く設定するという公的な措置がとられています。この種の政策はアファーマティブ・アクションとして知られています。

このほか欧米社会では、学校制度をいくら充実させても、教育機会の不平等が一定水準で続いているという実態があり、そのことについて下層の進学意欲が低いのは、かれらなりの合理的判断にもよるので、それを改めることは容易ではないといわれることがあります。

倫理的な良し悪しはともかくとして、こうした議論は教育の階層差を、そもそもなくすことの難しい人間社会の本質的なしくみだととらえています。本書ではこれから、学歴に世代間関係があることを強調していきますが、これもまた親の学歴と子の学歴の間には、簡単には取り除くことのできない一定の結びつきがあるとみるものです。

†拝金主義的？教育論

では、昨今の日本の「教育格差」論では、いったいどれが強調されているのかというと、親の職業やエスニシティ、文化資本、親の学歴のいずれでもありません。じつは、いま大きな問題とされているのは、経済的に恵まれた層は子どもにお金をかけて学力をどんどん伸ばすが、経済的に貧しい層は、平等な進学機会を奪われつつあるという経済決定論なのです。

なぜ現代日本では、格差が親子間で受け継がれるしくみを、家庭の経済力だけに注目して語ろうとするのでしょうか？　主たる理由はすでに指摘しています。それはこの社会では階級がはっきりした境界をもっておらず、エスニシティも他社会ほどインパクトのある区分線をもたないためです。要するに、だれもが納得する「格差」の目印が、お金のほかには見当たらないのです。

実際には、親の学歴という大切なものがあるのですが、現在流布している「教育格差」論で、親の学歴が子どもの学力や受験の結果、ひいては人生設計に影響を与えることに触れているものは多くありません。それは学歴による格差が日本人の思考の盲点に入っていたり、親の学歴と子どもの教育の結びつきを考えることがタブー視されてきたためなのでしょう。

そしてもう一つ、親学歴が子どもの教育に影響するということは、たとえ発見しても変更できることではありませんが、経済的な問題であれば政策によって調整できるということもあります。「子どもの学校教育に熱心な親を作るために、まず親が学校教育を受けなおしましょう」という政策提言は、笑い話でしかありません。しかし、家庭に対する教育費の再分配や公教育についての文教予算の割り振り方の見直しならば、ただちに取り組むことができます。だから教育政策を考える人は、親の学歴ではなく、家庭の経済力の影響を強調したがるわけです。

加えて、社会的な上下関係といったとき、子ども時代であれば成績や偏差値を、大人になってからは給与額をイメージして、この二つしか眼中にない人が、いまの日本にはずいぶんたくさんいるということもあります。かつては「いい学校に行って、いい会社で働く」という考え方がそれなりにリアリティをもっていましたが、いまは働くということが強調されなくなり、「親がお金で子どもの学歴を手に入れる。学歴が将来の子どものお金に変わる」というように考えられているのです。

しかし、親子のつながりや人生設計を形作っているのは、この両者だけではありません。まず、職業、学歴、エスニシティがあります。加えて、親の教育方針や家庭の文化資本もありますし、人びとの職業への構えや、地位の上昇志向や将来設計についての考え方もあります。これらのことは希望格差や意欲格差としても考えられていますし、貧困対策でも、経済的な問題ではなく、人びとのものの考え方が課題となっています。むしろ、これらの要因を考えることこそが、現代日本の本当の課題であるはずです。すべてお金のせいにして、お金で解決しようという拝金主義的な教育論を強調することは、そういう社会環境への目配りを欠くことにつながります。

ですから、現代日本の「教育評論家」たちが、社会的不平等の問題を、親の経済力の格差と子どもの学力差だけを視野に入れて解こうとしていることには、強い懸念を感じずにはいられません。

図4-2　教育の階層差の生成メカニズム

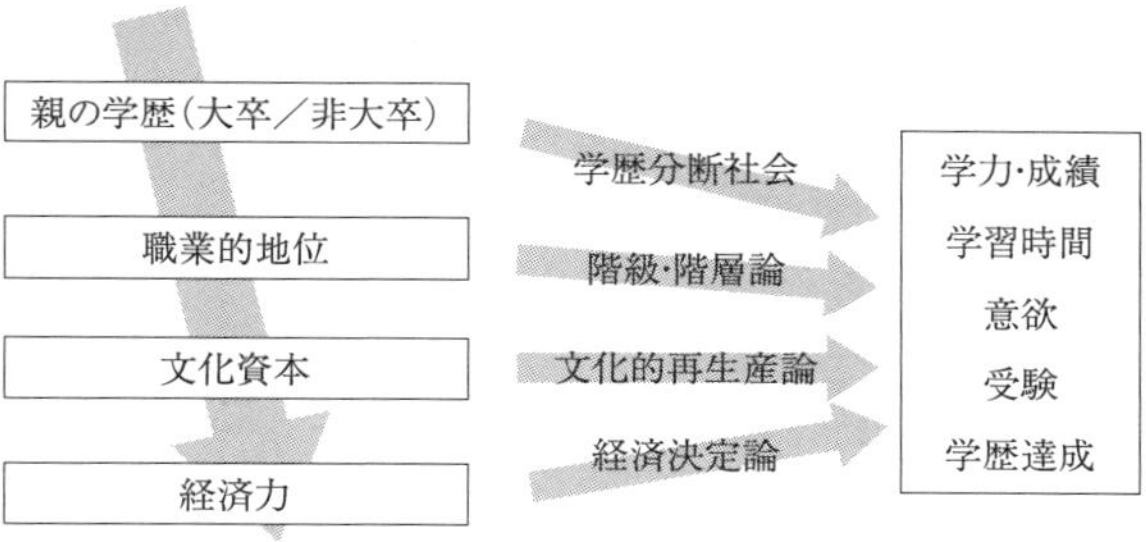

真相は藪の中

これまで説明してきた教育の階層差についての説明理論を整理すると図4-2のようになります。これまで「階層」として一括りにされてきたものの中身は、親の学歴や職業的地位、文化資本、経済力などです。これらはいずれも、学歴を得て、職に就き、生活のあり方や経済力が異なってくるというように、親の人生に沿って、因果的な結びつきをもってならんでいます。そしてそれぞれが、子どもの学校でのさまざまなパフォーマンスに対して影響力をもっているのです。これらは表面上は重なってみえているのですが、別々の仕組みであり、図にあるとおり、別々の理論で説明すべきものなのです。

しかし教育の階層差を発生させているこれらの要因を選り分けて実証することは、現実にはたいへん難しいのです。教育社会学者は、小中高校生を対象とする学校調査によって、ある程度までデータをもっています。しかし教育現場で、親や家庭環境について立ち入ったことを知ろうとしても、プライバシーの問題があり限界があります。結局、学校調査によっては、親の職業・収入・学歴・教養などの格差の中身について、十分な情報を得ることはできないのです。

そこで、成人を対象とした社会調査で最終学歴を聞くという方法がとられることになります。しかしこちらの方法では、最新の教育事情について知ることができません。そのうえ、過去を思い出す方法では、回答者の記憶力に限界があるため、学習時間や成績、進学意欲、希望、当時の世帯収入、資産などについて、信頼に足る情報を確保できません。

結局、親の学歴、居住地域、職業的地位、文化資本、経済力などの情報をすべてそろえて、教育の階層差の「主成分」が本当は何かを明らかにすることは、事実上不可能なのです。ですから、真相は藪の中にあって、解釈上の論争が展開されるということになります。

確かに表面上は、重なり合った因果関係のために、親の経済力によって不平等が生じているようにみえなくもありません。けれども、経済的に豊かで、子どもの教育に十分なお金をかけている親は、概して高い地位にあり、学歴も高く、高い教養や文化的な関心を子どもと共有しています。逆に経済的に貧しい層の場合、多くの親は大学教育を知らず、家計も不安定で、文化資本にも恵まれていません。

確かにこれらすべての結果として、親の経済力が高い（低い）と学力が高い（低い）という関係がみられるかもしれません。けれどもそれは、経済力が不十分であることが、子どもの学力低下を招くことを意味するわけではありません。本当は父母の大卒学歴が子どもの学歴や学力を左右しているとしても、親の学歴が高いと経済力も高い傾向にありますので、経済力が原因だという誤解を生んでしまうのです。

しかし、このように見かけ上の関係にすぎないときは、どれだけ所得扶助や教育手当の支援をしても、あるいは公教育の保護者負担を軽減しても、子どもの学力や進学率の向上には結びつかない可能性があるのです。もちろんこれらの政策にはまったく効果が期待できないということではありませんが、経済的な問題を解決することは、教育の階層差を生む根深いしくみの一部を是正することにしかならないのです。ですからここは、冷静に分析しなければならないところです。

†学歴を起点とする社会

現代日本社会をみるとき、私は、経済力や職業ではなく、親の学歴をそもそもの起点とみる立場をとっています。これは、日本社会では学校教育と階級のはたらきの重要性が、欧米社会とは根本的に逆転しているといわれるからです。

もともとヨーロッパの中等・高等教育というのは、上流階級と中産階級の子弟のための学校としてはじまったものです。それゆえ欧米の歴史のある大学には、上流階級と同質の文化的な格調があります。これに対して、日本社会で高い威信を与えられてきたエリート教育機関である「旧帝大」には、そういう上流文化の「気品」はみられず、きわめて大衆的です。

そもそもこれは、ヨーロッパ諸国のような階級が、明治期の日本には存在していなかったことに始まります。こうしたなかで明治政府は、近代化を大急ぎで進めるために、国を動かす上層エリート階級を、官立の学校教育によって作り出しました。当時の「旧制○○中学」といった中等教育も、中流階級の子弟のための教育機関としてではなく、まだ存在しない中流階級を創りだす役割を果たしていたといわれています。教育社会学者の天野郁夫氏や竹内洋氏は、この点が日本の近代教育史の重要な特徴であるといいます。

イギリスの社会学者R・ドーア氏も、日本では学校教育が社会を前進させるきっかけになったことを指摘しています。産業化の遅れた社会は、国民の教育水準を高めることによって、そうした遅れを取り戻そうとします。そのため、産業が発達するよりも前にまず学校教育がはじめられ、学歴に高い価値が与えられるのです。それはケニアでもスリランカでも同じことなのですが、日本はそうした学歴偏重社会のトップ・ランナーだというのです。

要するに日本では学校教育が社会の序列を作りだしてきたのであって、そのため人びとは学歴に、極めて強い関心をもつようになったというわけです。この歴史の延長線上に現代日本があるとするなら、学歴を単なる世代間関係の媒介項とみるのでは不十分だということになります。

†学歴伏流パラレル・モデル

そこで、思い切って発想を転換してみましょう。親子の関係を考えるときに、自分の人生のスタートラインにあるもののなかで最も注目すべきなのは、職業や経済力ではなく親の学歴ではないかと考えるわけです。

親の学歴が高ければ、子どもの学歴も高くなる——。考えてみればごく自然なことだと思います。そもそも子どもの学歴を同型のものを使って説明するわけですから、これ以上シンプルな考え方はありません。そこには、だれにでもわかる世代間関係が存在しています。

この学歴の世代間関係をＳＳＭ調査で確認すると、親のうちどちらかが大卒であった場合、子どもが大学に進学する確率は68・8％ですが、両親ともに高卒層の場合は31・1％です。なお、以下ではとくに断らないかぎり、父母のどちらかが大学や短大に進学している場合を、親が大卒の家庭とみなします。

わたしたちは学校を終えると、その学歴を用いて職業に就き、学歴に応じた収入を得ます。ですから順序としては、親より高い学歴を得たかどうかが18歳前後に確定し、その後、職業的な地位や豊かさについて、親より高い地位につけたのか、親よりも豊かな生活水準に至ったのかという世代間の関係が確定していくわけです。

図4-3は、現代日本の親子の世代間関係について、職業ではなく学歴が最も重要な要素であると考えて図式化したものです。ここでは、親子の学歴を結ぶ矢印は、左から右へと水平に引かれ、それぞれ斜め下に伸びた矢印は、学歴がその後の職業生活と経済力を左右することを表しています。

私はこのモデルを学歴伏流パラレル・モデルと呼んでいます。このように考えることで、学歴の世代間関係を表舞台へと引き出すことができるのです。

この図の中央部に「職業キャリア」とありますが、それが何層かに分かれているのは、現在の雇用が流動化していることを表しています。しかし学歴の親子の結びつきは、こうした変化の影響を受けることはありません。むしろ現状は、親から受け渡される学歴の影

図4-3　学歴伏流パラレル・モデル

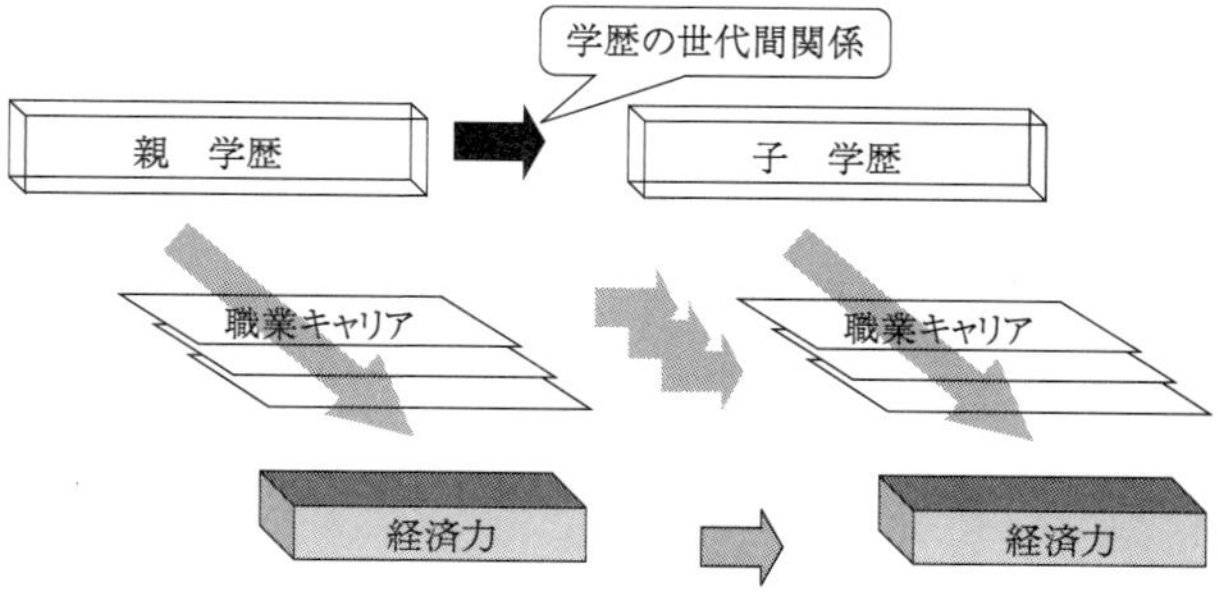

響力が増している状況にあります。理由は以下のとおりです。

かつての日本社会で学歴は、初めての仕事に就くときには評価の対象になっていたのですが、それ以降はさほど重視されることはありませんでした。どんな学校を出たのかではなく、入職してからどれだけ成果を上げたかが、昇給・昇進にかかわる評価の対象になっていたからです。少なからぬ女性たちにとっても、結婚や出産を機に仕事を休んだり辞めたりした後、学歴という「カード」をもう一度使って正規雇用を得る機会はそう多くはありませんでした。

けれども昨今の雇用の流動化は、男女や既婚・未婚を問わず転職や再雇用が繰り返される状況をもたらしています。これは言い換えれば、一生のうちに個人が履歴書を書く回数が増えるということです。私はよく冗談半分で、雇用が流動化したことで、最も売れ行きが伸びた商品は履歴書ではないかということがありますが、その履歴書には毎回「最終学歴」が記され審査されるのです。このような時代の変化が、いわば「学歴弱者」である中卒層や高卒層には度重なるデメリットをもたらし、大卒層にメリットをもたらすのです。

というわけで、職業生活が多様化すればするほど、こうした事情に左右されない学歴が、世代間の地位の関係の骨組みとして重要になってくるのです。

†広く・正しく・いち早く

学歴の世代間関係をもとにして格差社会を考えることには、これ以外にも好都合なことがいくつもあります。

第一は、学歴が老若男女を問わず用いることのできる指標であるということです。職業に注目するだけでは、無職・専業主婦・退職者・学生といった、格差を測定する指標からこぼれ落ちる人たちがどうしても出てきてしまいます。先にも触れたとおり、フリーターのような、安定した就業先や仕事をもたない人たちもいます。これに対して、学歴はだれでも同じものさしで測定することができるのです。学歴を使えば、人生のいつの段階で尋ねても、だれからも常に一定の回答を得られるわけです。

第二に挙げられる利点は、親子の職業の関係を考える研究でこれまで用いられてきた統計的な指標を、そのまま使えるということです。しかも学歴には広く知られた区分線（中学、高校、短大、大学、大学院、あるいは専門学校）がありますので、何歳の時点を切り口として、どのような地位のものさしを用いるかについて迷う必要がありません。

そして第三は、学歴に着目して親子関係をみることで、これから日本社会の階層構造がどうなるのかを、いち早く考えることができるということです。生まれて、学んで、職に就き、生活を安定させて次世代を育てるという順序に従うかぎり、人生で一番先に確定するのは親と子の学歴の関係だからです。

したがって時代変化の波は、学歴の世代間関係に一番先にやってくることになります。その時代変化がやがて、仕事や家族や生活の豊かさといった、人生後半の局面にも波及していくのです。

格差社会の焦点の一つとしてわたしたちは、平成生まれの若い人たちの不平等を考えはじめています。ところが、従来のように職業に着目して考えようとすると、かれらの職歴を40歳頃（つまり平成40年以降）まで慎重に見極めなければなりません。財産・資産の継承関係をみるなら、もう少し先の遺産相続などをみなければわかりません。これに対して、このモデルを用いれば、かれらのおおよその姿をいますぐ予測することができるのです。

以上のとおり、あらゆる人について、正確で揺らぎのない事実を、人生の早い時点からみることができるということが、学歴伏流パラレル・モデルのメリットなのです。とはいえ学歴と職業は、卵が先か鶏が先かに決着が付かないのと同様で、どちらか一方だけを重要だとすることはできません。けれども、これまでわたしたちは、日常生活で目につきやすい職業や収入を格差の重大な要素とみなしてばかりいて、学歴の世代間関係にはほとんど目を配っていませんでした。

これはいわば川の表面上のせせらぎ（成人後の生活の格差）だけをみて、地下を流れる伏流水の流量にまったく気付いていない状態です。それゆえ、議論のバランスを考えるなら、わたしたちは、学歴にもっと目を配る必要があるわけです。親子の結びつきについて、「お金持ちの子がお金持ち」「管理職の子が管理職」とみて、そこを問題にするだけではなく、「大卒の親の子が大学進学」という関係性を考えることこそがいま必要なのです。

†共生から逆転へ

そもそも学校は、職業生活のための知識・技能を身につける場ですから、あくまで職業が主であって、学校教育はそれを補う位置にありました。この関係は、当初はたいへんはっきりしていたのですが、やがて学校教育は職業とは独立した地位の指標としての意味をもちはじめました。それが「学歴」です。やがて、よい職に就くための手段にすぎなかった学歴は、いつのまにかそれ自体が目標とみなされるようになって、学歴をめぐる激しい競争が繰り広げられることになったのです。ここまでは日本型学歴社会の特徴としてすでに論じられてきたことです。

その延長線上で私は、親の学歴が子の学歴と強く結びつくことで、学歴それ自体が世代間で重要なステイタスとして受け渡されることを指摘しました。学歴が地位の「本体」として親子をつなぎ、大人になってからの格差や不平等を操っているという見方です。

日本社会において、このような学歴のはたらきがとくに際立っているのには、特別な理由があります。第一は欧米にみられるような、職業に基づく階級のはっきりした区分がもともと存在していないということです。第二は、大卒層と非大卒層を切り分ける学歴分断社会が長く続き、その分断線が子どもの教育に大きな影響を与えはじめているということです。第三は、雇用の流動化が進み、職業の「階級」としての重みがますます軽く、もろいものになっているということです。

人が世代間で受け継いでいくものには、文化や知識や価値観のような無形のものと、物質的なものがあります。この両者はあたかも情報技術のソフトウェアとハードウェアのように相互に絡み合って、次の世代へと受け渡されています。そこではどちらかというと、目にみえやすい有形のものが重要とされてきました。

けれども、この関係において世代を越えて真に再生産されているのは、物質的な豊かさや地位や権力の上下関係ではなく、むしろ文化や知識の序列（文化的ヘゲモニー）のほうだ、とみることもできます。これはフランスの社会学者ブルデューが理論化したしくみです。じつは生物学においてもこれと同じような理論が存在しています。ちょっとSF的ではありますが、ヨーロッパの社会学理論よりは分かりやすいと思われますので、こちらに触れておきましょう。

生物学の世界ではすでに広く知られた理論として、細胞内共生説という考え方があります。人間のような生物の細胞には、酸素からエネルギーを作り出すミトコンドリアという小器官があります。この器官は、太古の昔に何かのはずみで別の生命体が細胞内に入り込んでできたと考えられています。つまりミトコンドリアは、細胞内に後から入ってきて、生物の活動に不可欠なエネルギーを生成する機能を受けもったというわけです。

「パラサイト」（寄生＝共生）という言葉を一躍有名にした、『パラサイト・イヴ』というSF小説は、このことを題材にしています。人類のような地球生物の進化の系譜の裏面には、表立ってはあらわれないミトコンドリアの遺伝子の継承の歴史がある。あるとき、そのミトコンドリアが、宿主であるわたしたちとの共生関係を逆転させ、人間を含めた生物を強い力で支配しはじめる――。というのがそのあらすじです。

これを手がかりにして考えると、学歴と職業も、主従関係が逆転しうることがわかると思います。つまり、さまざまな職業によって構成される産業社会を〝宿主〟として、これを助けることによって「共生」してきた学校・学歴が、日本社会では立場を変えはじめているということです。もう一つよく似ているのは、両者にとても密接で相補的な関係があるために、〝宿主〟(産業社会)と〝共生者〟(学歴社会)は、お互い切り離すことができないしくみになっているということです。

2000年代のはじめ、社会学者の宮台真司氏や上野千鶴子氏は、学校化社会あるいは学校化状況という言い方で、現代日本社会を語ろうとしていました。私には、学校的価値が学校空間からあふれ出し「社会が学校に侵食される」といった、かれらの議論が何を意味しているのか当初はよくわかりませんでした。大人の職業生活のしくみに「対応」するように学校教育のしくみが形づくられるという理論はあるのですが、逆の因果関係を述べたものはあまり耳にしたことがなかったのです。

しかしいまでは私は、かれらが何を嗅ぎとって警鐘を鳴らしていたのかが、論理的に了解できます。ひとたび不登校、ひきこもりというかたちで学校システムから逸脱してしまうと、なぜ産業社会に参入するのが難しいのか？　どうして若者たちにとって職業生活が、学校生活の延長であるかのような生きづらさに満ちたものになるのか？　それは要するに、学歴・学校が作りだす、表立ってはあらわれない流れに従っていないと、世代間関係にも、職業的な人生にも「参加登録」しえないルールで現代日本社会が動いているということなのです。ですから、宮台氏や上野氏の主張も、学歴と職業の関係がひそかに逆転した、現代日本特有の状態を先鋭に指摘したものだったのだと思います。

第5章
学歴分断社会の姿

親の学歴が子どもの教育に影響する――。

本章ではその実態について、具体例を用いながら、詳しく検討を加えていくことにします。

†親からみた子どもの学歴

親は、肯定的にであれ否定的にであれ、「自分は○○なのに、子どもが△△なんです」と親子の関係を語ることがあるものです。そんなとき、子ども側の△△に学歴や大学名が入っても、まったく不自然ではありません。なぜならそれは、子どもが18歳のときどのような進路をとったのかということが、新生児から続く子育ての一つの到達点だとみなされているからです。

しかも、「うちの子は△△大学に行ったんですよ」といった言い方は、子どもが就職してからも続きます。これに対して、わが子が就職してから、昇進、転職、休職などをしても、親はそのことをあまり話題にはしないようです。実際、社会調査の調査員として、親御さんに話を聞くと、自分の子どもの現在の仕事の「役職名」や「年収」などについては、あやふやな答えしか返ってこないのですが、子どもの最終学歴なら学校名まで確実に答えることができるというケースによく出くわします。

どうやらそこには、就職したら子どもはもう一人前で、それから後の職業についての変化は本人の自己責任によるもので、親とは関係がないという考え方があるようです。大学や高校の卒業式には保護者席が用意されているけれども、わずか数日後の入社式にはそれがないということは、この考え方を端的に示すものといえます。

他方、親自身の側の「自分は○○なのに」の部分に、職業や収入ではなく自らの学歴が入るのもそう不自然なことではありません。とくに子育てを中心的に担う母親たちの多くは、休職・退職や「自己都合」（むしろ家族の都合なのですが）による転職を経験していれます。そしてここには、多数の専業主婦が含まれます。彼女たちはいまの自分の仕事を、○○に入れるべきものとしてはとらえていません。むしろ「□□大学を出た」「△△女子短大を出た」という学歴を、○○に入れることのほうが多いはずです。

これらのことから、親の視点でみる世代間関係では、「親学歴→子学歴」という流れが強く意識されていることがわかると思います。これに対して、親と子の職業の関係はどうかといえば、不平等社会の大きな論点とされてきたわりには、実際に耳にすることはそう多くありません。

†いまどきの中高生の学歴観

ではもういっぽうの当事者である中高生は、自分の人生の目標地点をどこにおいているのでしょうか？　これまでの「大人の理屈」では、次のようにいわれてきました。人生の成功というのは職業的な成功によってもたらされる。高い職業的な地位を得るには、それに必要な学歴・学校歴を手にしなければならないのだ――。確かに学歴の有効性を前面に出したこの説明には、一見するとおかしなところはありません。けれども、中高生の日常を左右しているのは、こうした合理的で長期的な視野に基づく「理屈」ばかりではないのです。実際、高校生を対象とした意識調査においては、少なからぬ生徒たちが「将来の見通しを立てられない」と回答したり、将来就きたい職業の具体的なイメージをもっていないと回答しています。教育現場の先生方であれば、生徒が将来の見通しをもっていないということに深く頷《うなず》かれるのではないでしょうか。

そもそも私は、中年になってから自分がどんな仕事で成功しているか、生涯賃金はいくらかといったことを思い描いている中高生を見たことがありません。いまの青少年は、雇用の流動化がどんどん進むなかで進路選択を迫られていますから、かれらが確実に見通せるのは、せいぜい数年先の、どのような学歴を得るかというところまでになりがちなのです。

ではかれらは、自分の親について、どれだけのことを知っているでしょうか。高校生を対象とした調査では、親の職業や世帯収入についての設問を首尾よく組み込むことができたとしても、じつはあやふやな回答しか返ってきません。かれらは、自らの出身階層を思いのほか自覚できていないのです。とりわけ親の職業的地位が低くて不安定な子どもほど、仕事について親から聞かされることが少ないという傾向があります。

いうまでもないことですが、わからないものを自らの人生のスタート・ラインにすることはできません。自分は黒人系だ、自分は女性だ、自分は地方出身者だといった出身背景をしっかりアイデンティファイできてはじめて、不平等問題は社会の表面に出てくるのです。

そういう見方で考えてみると、日本の高校生は、たとえ親の職業や世帯収入はよくわからなくても、両親の学歴だけは、学校名まで知っているということに気が付きます。中高生が、両親の学歴を自分の人生のスタート地点だとみなしやすいのは、そのためなのです。加えてここには、かれらが職業の世界のしくみをまだよく知らず、学歴しか実感できるものがないという事情もあります。さらに時代の変化によって、こんにちの父母たちが経験した学歴が、制度のうえでも進学率のうえでも、高校生自身が直面する学歴経験と同じかたちになってきたこともその一因となっています。

これらのことから、中高生の目でみても、やはり学歴の流れが世代間関係の「主成分」となっていることを理解できると思います。

†学歴の象徴的価値

学歴が人生を決めるということを、今度はもう少し広い視野から考えてみましょう。教育社会学では、学歴には二つのはたらきがあるといわれてきました。

一つは、豊かで安定した生活をするために高い学歴が役立つということです。これは、いつの時代でもどこの国でも考えられる学歴の基本的なはたらきで、学歴の機能的価値といわれます。学歴によって職業的地位が決まるという学歴主義（メリトクラシー）や資格主義（クレデンシャリズム）も、賃金は学歴に基づいて決められるとみる労働経済学の理論も、この考え方に従っています。この学歴主義の実態は、従来の学歴社会論ですでに多く語られ、よく理解されていることです。

むしろここで強調したいのは、学歴にはもう一つの目立たない作用があって、そちらのほうが日本社会では重要なはたらきをしているということです。

それは学歴が、切符やパスポートのように実際に使うためのものではなく、努力や能力の指標、身につけた教養のシンボル、そして社会的地位の上下を示すラベルとして奥深い意味をもっているということです。具体的にいうなら、○○大学卒という学歴が（この場合は学校歴ですが）、それ自体、高いステイタスであるとみなされるということです。このはたらきは学歴の象徴的価値（あるいは地位表示機能）といわれます。

たとえば人生で二度と履歴書を書くことはないという人にとって学歴は、職業上の成功を果たすうえでは、もはや使い道のないものであるはずです。しかしそういう人でも、学歴を無用の長物とするわけではありません。高齢者の集まりでも、職をもたない専業主婦の集まりでも、それぞれの人の学歴は、その人の人生を物語る重要な判断材料として生き続けています。

年齢の異なる上司や部下、取引先など別の組織に属する人、あるいは学校や塾の先生、組織のリーダーなどについて、知らず知らずのうちに学歴で「値踏み」をしたり、されたりする経験はだれしもあると思います。その人があなたと地位を競い合う相手でなくても、学歴の高低が気になってしまうのは、学歴には地位を表示する象徴的価値があるからに他なりません。それから、夫婦間には、妻が大卒なら夫も大卒であり、妻が高卒ならば夫も高卒であるという傾向があるのですが、ここにも、学歴の象徴的な価値が「釣り合い」という考え方を生んでいる面があります。

さらに、人びとのものの考え方や生活のスタイルにも、学歴の象徴的価値の作用によって、少なからず違いが見出されることが知られています。その典型例は、学歴が高いほど自分は社会の上層に位置していると判断しやすいという、地位の評価基準としてのはたらきです。このほか学歴は、ジェンダーや子育てに対する意識、環境保護意識、権威や伝統への同調傾向、政党支持、購買行動、余暇活動などに直接的な影響力をもっていることが実証されています（『階層・教育と社会意識の形成』『学歴と格差・不平等』）。

学歴が○○だから考え方が△△になるという因果関係の背景には、学校教育によってさまざまな価値観が伝えられ、それが考え方の学歴差を生んでいるということがまずあります。加えて、先に述べたような地位の評価基準としてのはたらきもあります。さらには、判断力の高さを自認する高学歴層が、ノブレス・オブリージュ（エリートとしての責務）を感じて、環境保護やＮＰＯへの参加、選挙の投票などに積極的になる、ということも考えられるでしょう。

†ヴィーナスの腕

このような学歴の象徴的価値の作用の一つとして、わたしたちが知っておくべきことは、いまの日本では子育てを担っている母親の学歴が、子どもの教育の出発点として大きな力を発揮しているということです。

親の立場から子どもにアドバイスするとき、わたしたちは遠い昔に役割を終えたはずの自分の学歴にまつわる経験について、言葉を尽くして語ることがあります。「必死になって受験勉強をがんばって、○○大学に合格したんだよ」「成績はよかったのに、経済的な問題で大学に進めなかったんだよ」「自分は学歴が低くて、後の人生でずいぶん苦労したんだ」といった具合に。このとき、職業を得るために使った後にも、学歴が「絞りかす」になることなく、努力と能力を示す象徴的価値をもち続けているということが、いやがうえにも自覚されます。

ところで日本社会では、大卒女性が専業主婦になりやすい傾向があることが知られています。これは大卒同士が結婚する傾向と、夫の所得が多いと妻が職をもたない傾向が組み合わさって生じているものです。最近ではこの高学歴専業主婦の傾向はやや弱まっているといわれ、逆に高学歴同士の夫婦がダブル・インカムで高所得となりはじめ、それが世帯間の所得格差を大きくする一因になっているともいわれています。それでも、能力が高い高学歴女性の多くが、男性と同じような働き方にはほど遠い状況におかれていることは、調査データにもはっきりとあらわれています。

このように大卒女性が専業主婦になったり、結婚・出産によっていったん職場を離れたのち、パートなど非正規雇用の仕事に就く場合や、働き方に融通が利く一般職として会社に戻る場合、彼女たちが学校教育に費やした時間的・金銭的な〝投資〟はどうなるのでしょうか。一人ひとりをみてみると、その〝投資〟分を回収できないままになってしまう女性は少なくありません。

私を含めた現場の教員たちは、小学校入学から大学卒業まで、男女を分け隔てせず同じように知識・技能を伝えようとしています。そして、少なくとも私の経験では、総じて女子のほうが真剣に授業を受け、多くのことを吸収していくようです。

にもかかわらず、大卒新規採用以降をみると、こんにちでもなお女子はその実力にふさわしい期待や評価や待遇を受けてはいません。人材を受け入れる企業の側がどういう胸算用をしているのかは、私の専門ではないので正確には知りません。しかし、日本の学校教育が女子に投入している膨大な投資は、それが高い労働力となって日本の産業を支えているわけではないのですから、明らかに帳尻が合わない状態になっているのです。

男女の機会を平等にするという観点からもこのことは重要な課題なのですが、以下では母親の学歴がもつ隠れた象徴的価値のはたらきについて考えてみたいと思います。先に指摘したように、中高生が進路選択を考える場合、父母の学歴がその視野に大きく入ってきます。もっとも父親は、大きな障害もなく社会で活躍できる立場にあるとみなされがちですから（実質はさまざまですが）、職場での地位の高さや一家の大黒柱としての経済力が大きなものにみえています。その半面、父親の人生の「途中経過」である学歴は、現在の社会的な地位がもつ力を前にして、その意味が霞みがちです。

たとえば、一流といわれる大学を出ているけれども年収350万円のサラリーマンを父にもっている場合と、高卒だけれども年収1000万円の自営業主を父としてもった場合の、子どもの出身階層のとらえ方を想像してみてください。父親にかんしては、学歴よりも経済力のほうが切実な問題であるということがわかるのではないでしょうか。

けれども母親の場合は事情が異なります。学齢期の子をもつ母親が、そのとき何をしているかということには、ワーク・ライフ・バランスのとり方が大きく影響しています。そして子どもにとって見極めたいのはむしろ、「自分の母親がもし仕事の世界で、その能力を余すところなく発揮していれば、どのような可能性をもっていたか」ということなのです。

母親の最終学歴は、受験競争という男女平等なルールのもとで、努力と能力を競った結果であり、その後の彼女の人生の多様なあゆみによって色褪《あ》せるものではない、と中高生たちは考えています。ですから、父母が同じランクの大学を出ていれば、子どもからすれば、母親だって父親と同じ程度の仕事上の成果を上げることができたはずだと想像されるのです。これは母親自身が、ありうべき人生を思い描く場合にも、頭の片隅におかれているることではないかと思います。このとき母親の学歴は、強力な象徴的価値を発揮しているのです。

結果として、母親が大卒学歴をもっている場合、現在の暮らしぶりがどうであろうと、子どもの学歴が母親の学歴を下回らないようにする動機づけ（後述する学歴下降回避のメカニズム）がはたらいて、大学進学を強く希望することになります。もちろんそこには母親が十分な教育力をもっているという「賢母」としての影響力も加わりますが、単にそれだけのことではありません。

このように母親の学歴は、機能的価値が十分に活用されていない場合でも、その象徴的価値の作用によって、次世代の高学歴志向を生じさせるという、目にみえない効果をもっているのです。私はこれを「ヴィーナスの腕の効果」と呼んでいます。

評論家の清岡卓行氏の「失われた両腕　ミロのヴィーナス」という珠玉のエッセーは、高校現代国語の評論文の例題として長く用いられています。そこでは次のような逆説的な解釈が述べられています。

パリのルーブル美術館に所蔵されている有名なミロのヴィーナス像は、両腕が失われた状態で発掘された。しかし、この像は両腕が存在していないがゆえに魅惑的なものにみえる。なぜなら、二本の美しい腕が失われた代わりに、「存在すべき無数の美しい腕への暗示という、ふしぎに心象的な表現が、思いがけなくもたらされ」ているのだから。

このエッセーにおける「失われた両腕」は、大学を卒業した母親が、その後の人生で実現できたかもしれない多様な可能性に相当します。しかもそれは、清岡氏の考えに従うなら、失われているがゆえに無限の美しさをかもし出すのです。

大卒の母親たちの「ヴィーナスの腕」が子どもたちを学歴競争に導くというのは、女性の大卒学歴の望ましい活用法とはかならずしもいえませんし、私には奨励する気持ちはありません。しかし学歴分断社会の重要な「駆動装置」ですので、触れないで済ますわけにはいきません。

教育社会学者の本田由紀氏は、最近の研究で「家庭教育」における母親の役割と心情について、自身による聞き取り事例を紹介しています。そのなかで印象的なのは、仕事をもっている場合であれ、専業主婦であれ、とにかく母親が大卒（含、短大卒）であるかどうかが、きわめて明瞭に「家庭教育」の質を左右しているということです。

大卒の母親たちは学力、情操、しつけなどあらゆる面で、高卒の母親たちよりも熱心に「家庭教育」に取り組もうとする傾向にあります。それは要するに、子どもの学歴を高める方向へはたらきかけているということです。大学や短大を出た母親たちが、自らの学歴を大切なアイデンティティとみて、それにふさわしい子育てに駆り立てられているというわけです。

近年、大卒女性たちには、仕事の領域での活躍が大きく期待されています。これは男女共同参画社会の実現をめざすという流れです。けれども同時に「家庭教育」が強調されはじめたため、子どもの学歴をせめて自分と同じ程度にしなければと考えて、教育にも人一倍力を注いでしまうのです。この点で学歴分断社会のなかの大卒女性は、できる女性とよい母親の全力での両立という、あやういワーク・ライフ・バランスをとらざるをえなくなっているのです。

†学歴の親子類型

続いて、子どもの教育を考える親子には四つのタイプがあるというお話をしましょう。これは、親の世代と子どもの世代それぞれの学歴分断線によって形づくられる分類です。

まず親の学歴を父親か母親のどちらか高いほうでとらえ、これに子どもの学歴を加えると、親と子が大卒か非大卒かによって、親子関係には、大卒再生産家族、学歴上昇家族、学歴下降家族、高卒再生産家族という四つの類型があることがみえてきます。これは前述した上層再生産、上昇移動、下降移動、下層再生産という世代間の地位の移動の見方を、学歴にあてはめたものに他なりません（図5-1）。

それではまず、図のなかでただ一つ「スマイル」になっている学歴上昇家族をみましょう。これは父母ともに高卒以下の学歴だったけれども、子どもは大学に進学したというパターンです。昭和の学歴社会では、受験競争に狂奔する親子が描かれてきました。それは学歴の高くない親が「学歴コンプレックス」といわれるほどの強い高学歴志向をもち、それに後押しされて子どもの学歴が親学歴を越えていったということですから、この学歴上昇家族に該当します。これは従来からある親子関係や子育ての成功イメージで、こんにちでも、数のうえでは大学受験を目指す親子の主要な一翼を担っています。

図5-1　学歴の親子類型

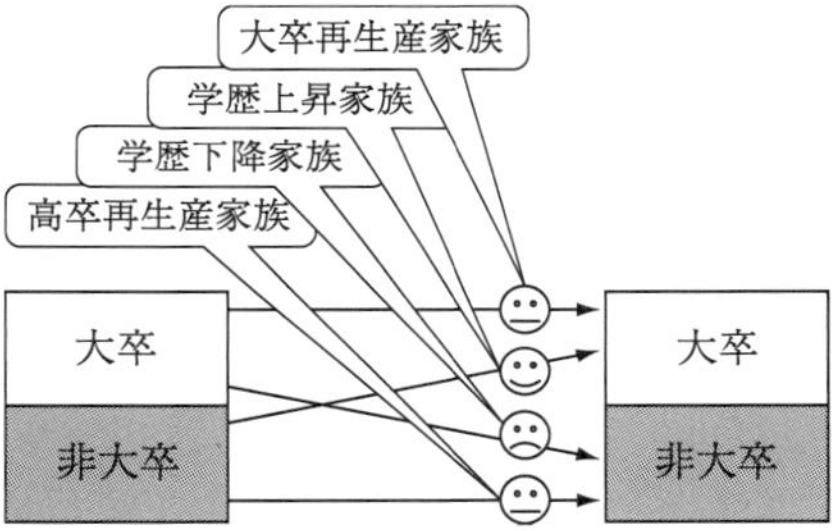

しかし学歴社会が成熟してくるにつれて、親が大卒で子どもも大学に進学するケースが増えてきます。このパターンが大卒再生産家族です。これは学歴分断線よりも上層での再生産を意味しており、大卒の親が増加するのにともなって、今後もさらに増えることが予想されます。3年ほど前に『プレジデント・ファミリー』という雑誌が創刊され、

サラリーマンのお父さん向けの教育関連情報誌というコンセプトの新しさが注目されました。この雑誌は、厚みを増しつつある大卒層の親たちの間で加熱している子どもの教育「戦略」をさまざまに報道して、商業的な成功を収めました。ここからは、大卒再生産家族がいかに大きな「新規市場」になっているかをうかがい知ることができます。

いっぽう高卒再生産家族は、親が大学に行っておらず、子どもも大学進学しない（めざさない）という親子関係を指します。これは、学歴分断線よりも下で親子関係が繰り返されることを意味しており、かつての高学歴化の時代には次第に数を減らしていくと考えられていたため、あまり注意を払われていなかった人たちです。しかし考えてみると、この親子類型が、大学進学を希望しない高校生たちの中核をなしているわけですから、いま大学進学率が大きく伸びないのは、この類型が思ったほど数を減らしていないためだということになります。

残る一つは、親が大学を出ているのに、子は大学に進まないという親子関係です。この学歴下降家族は学歴の世代間関係における、唯一の下降移動層ということになります。このパターンはいまのところ少数派ですが、これからその比率が増えていけば、親と子の学歴が入れ替わりやすい社会に近づいていくことになります。ただし大卒層にとってそれは、わが子が非大卒になる可能性が高まっていくという容易ならざる状況を意味します。このことにかかわる将来展望は後述します。

†入れ替え戦のメカニズム

学歴分断線をもとにした四つの家族類型の比率が、どのように変化してきたのかをあらわすと図5-2のようになります。ここからは、ほぼ同じ進学率が続いているようにみえたこの30年間に、水面下で大きな変化が進んだことがわかります。

その第一は、大卒再生産家族がどんどん数を伸ばしてきたということであり、第二は、学歴上昇家族はいったん比率を増やしたのですが、いまの若年層では再び減りはじめているということです。そして第三は、高卒再生産家族は一貫して減っているのですが、それでも日本社会の多数派であることに変わりはないということであり、第四

図5-2　四つの家族類型の比率の推移

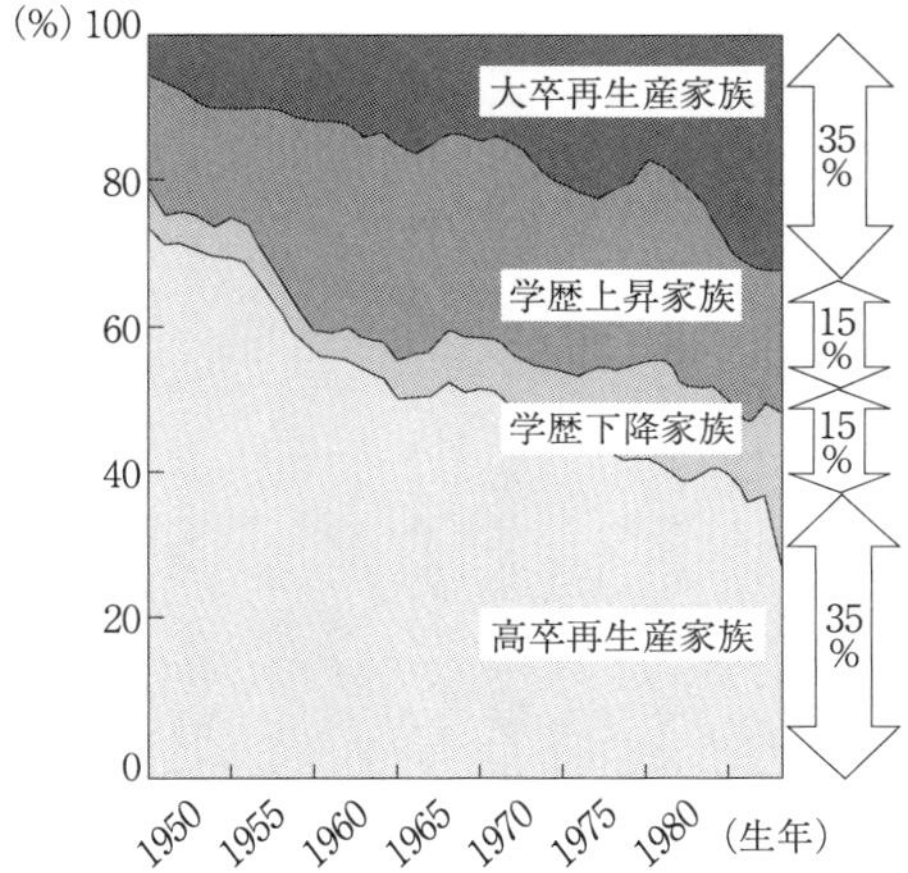

は、親の大卒比率の増加にともなって、学歴下降家族という新しい類型が徐々に増えはじめているということです。

そして、まもなくやってくる本格的な学歴分断社会では、大卒再生産家族の比率はもう少し高まり3割以上になり、学歴上昇家族は2割を切ったところで横ばいになり、これらの変化に合わせるようにして、学歴下降家族は2割弱、高卒再生産家族は3割強程度に落ち着くのではないかと私は予測しています。

図中の右側には、大卒層と非大卒層がほぼ半々という状態が繰り返されるとき、一つのパターンとして35％、15％、15％、35％という比率が考えられることを示しています。ただし大学進学率はこの数年でわずかながら伸びる兆しをみせていますから、最終的に各類型がどれくらいの比率になるのかを、現時点で確実に言い当てることはできません。

それでもおおまかにいうなら、学歴分断社会はいま、大卒再生産家族と高卒再生産家族を基盤としつつ、比較的少数の学歴上昇家族と学歴下降家族が「入れ替え戦」を行って、大卒層と非大卒層の比率が均衡を保っている状況にあります。全員が椅子を立って一斉に世代間移動を競争するわけではなく、上下ともに固定層が主流をなすこうした傾向は、プロ・サッカーリーグのＪ1とＪ2のチームの入れ替わりを思わせる状況です。

大卒、非大卒それぞれの親子関係がなぜこのように固定的なのか？　これについて、私は、学歴下降回避のメカニズムによって説明できると考えています。ちょっと難しそうな名前ですが、次のような単純な論理です。

わたしたちの多くは、親と同じかそれ以上の学歴を得たいと望んでいます。すると親が高卒層である場合は、高校卒業が確定した時点で、親よりも低い地位になることは免れたことになります。そのため、そこからさらに勉強に励んで大卒学歴を得ることは、合理的とはいえません。

けれども、大卒層の親を人生のスタート・ラインとする場合、もしも大学に行かなければその時点で親の学歴には届かないということになってしまいます。だから親が大卒である家族では大学進学が強く動機づけられるのです（『学歴と格差・不平等』）。

要するに、高卒層の進学が「できることなら進学したい」という程度の動機に基づいていることが多いのに対し、大卒層では子どもの学歴を親より絶対に下げない、という切実な動機が支配的なのです。こうして、高卒層の子どもたちの大学進学希望が頭打ちになる一方で、大卒層の子どもたちの大学進学率が高止まりになるしくみを説明できるのです。

ですから、このメカニズムが作動するかぎり、すべての親子が自分たちの自由な意思で学歴を選んでもなお、親の学歴の高低による子どもの大学進学率の違いが生じてしまうというわけです。親の大卒／非大卒が、子どもの教育に強い影響を与えているいまの状況は、こうして生み出されていると考えることができるのです。

社会学者の片岡栄美氏の調査研究によると、現在、小学校の「お受験」をめざす親には、大卒層の父母が圧倒的に多いのだそうです。「お受験」というのは、大卒学歴が早い段階でほぼ約束されるという点で、非大卒になるリスクを減らす戦略です。しかし一方でこれは、子どもの可能性に「○○大学卒」という「上限」を設定してしまいかねない進路決定です。

ですからそこには、受験競争の繰り返しによって子どもの可能性を伸ばし続けることよりも、非大卒になるのをなんとしても避けておきたい、という大卒層の父母の戦略を垣間見ることができます。逆に、高卒層の父母は「一流」大卒の〝切符〟を早い段階で確保しようと考えることが少ないため、年端もいかない幼い段階からの「お受験」という学歴下降回避の道には追い立てられにくいのです。

実際に2005年SSM調査のデータからは、子どもを塾に通わせたり、家庭教師をつけるといったことにも、母親の学歴が大卒であるか否かが大きく影響しているということが報告されています。

これらを考え合わせると、近年のいわゆる「教育格差」現象の「主成分」は、大卒再生産をめざす大卒の父母の数が大都市部などで増えてきたことなのだ、ということに気が付くはずです。

第6章 格差社会論の「一括変換」

†時代のキーワード「下流社会」

学歴分断社会についての説明は以上でひとまず終わりました。続いて格差社会の諸現象を学歴分断社会へと「一括変換」していくことにしましょう。

マーケティング・アナリスト三浦展氏の『下流社会』という本が出たのは2005年のことでした。またたく間に多くの人に読まれ、いまでは学術的な研究で言及されることも少なくありません。まさしく00年代中盤のキーワードといえるでしょう。「下流社会」という言葉は、現代の格差社会を表現したものです。そこには、いま階層をとらえようとするなら、中流や中間層ではなく、むしろ下層に注目すべきだという主張が込められています。

同書では「下流」とは、自分の属する階層が「中」ではなく「下」であると自認する人たちを指す言葉であるとされ、その数の多さが問題とされています。

ただし、いま「下流」が本当に増えているのか？ということについては、『下流社会』を「援護射撃」する素材を探すことができません。読売新聞や内閣府の調査などをみると、30年ほどの長さでみればごくゆるやかに「中の下」が増えています。しかしこの速度では、中流崩壊というほどの変化に至るには、少なくともあと20年は必要です。さらに計量社会学者たちは、05年SSM調査の上・中・下の意識の回答分布から、「下流社会」に向かう変化がみられないことを確認しています。私自身もデータを分析してみたのですが（図6-1）、ご覧のとおり目を凝らしてみないかぎりは、正規分布（統計学上の標準的なばらつき）に近い山のかたちが「中流崩壊」したり「下流化」しはじめているようにはみえません（「階級・階層意識の計量社会学」『講座社会学13 階層』所収）。「総中流→下流社会」という変化が生じているといっても、この程度のわずかなものなのです。

階層意識の計量分析の専門家としての責任上、はじめに事実の確認をしておきました。そのうえでのことですが、私は『下流社会』のように社会的な反響の大きい格差社会論について、測定の誤りや分析の不十分さを挙げつらねて論争を展開するのは、本質的なことだとは思いません。大事なのは、そこで展開されたス

図6-1　下流社会の到来？

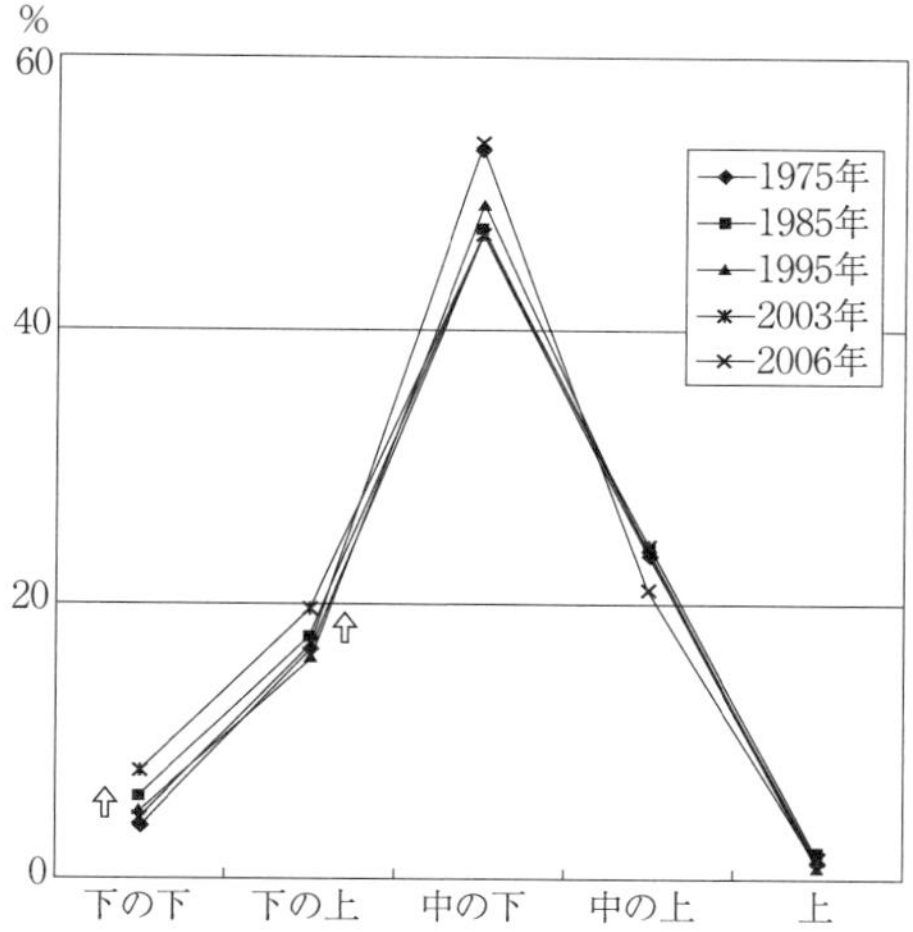

トーリーが、世論の強い賛同を得ているという事実です。何かを確かに言い当てているわけですから、その部分について読みとるべきなのです。そうした観点に立つなら、三浦氏の議論には現代社会の実態に対する鋭い観察がちりばめられています。

三浦氏は、自分を「下」だと認識している「下流」の人たちの意識や行動が、かつての中間層とは異なっているということを強調しています。

「下流」とは、単に所得が低いということではない。コミュニケーション能力、生活能力、働く意欲、学ぶ意欲、消費意欲、つまり総じて人生への意欲が低いのである。その結果として所得が上がらず、未婚のままである確率も高い。そして彼らの中には、だらだら歩き、だらだら生きている者も少なくない。その方が楽だからだ。(『下流社会』)

さらに三浦氏の鋭い観察眼は、消費や暮らしぶりの違いを生むいくつかの類型を描き出しています。同書によれば、若年女性のなかには「下流」と目される「ギャル系」「手に職(をつける)系」「ストリート系」があるとされます。これに対して上位層としては、「お嫁系」「ミリオネーゼ系」という類型があり、両層の上下分離が進行しているというわけです。

若年男性についても「下流」を構成する「SPA!系」「フリーター系」と、上位層の「ヤングエグゼクティブ系」「ロハス系」が分離しているということが発見され、その実態が示されています。

そこでは、「下流」と上位層の暮らしぶりの二極化が鮮明になります。たとえば「下流」には非正規雇用者が多く、収入が少ない。「下流」は個性や自分らしさを求める傾向が強く、上位層は男らしさ、女らしさを求める傾向が強い。フリーターには「下流」が多い。そして上位層は社交的で多趣味であるのに対し、「下流」は総じてだらしなく、男性はパチンコなどのギャンブルを嗜《たしな》み、女性たちは大衆的なショッピング・モールや量販店、コンビニでの買いものを好み、「歌ったり踊ったり」している。そして上位層には美人が多く、「下流」は自民党とフジテレビが好き……。

†下流の正体は高卒層

三浦氏はこの「下流」と呼ぶ層に対して、厳しい批判の目を向けています。読者もまたこの新たな社会層の「出現」を、社会全体が取り組まなければならない問題と受けとったわけで、だから「下流」は流行語になりえたのです。

これが格差社会を戯画的に表現したものでしかなく、一億総中流がそうであったように、だれがこの意識をもっているのかよくわからないまま話題にされているのなら、「下流社会」の流行は笑い飛ばせます。「下流」という架空のスケープ・ゴートを作り、現代の風潮をそこに描き出して考えているだけならば、だれもそれで傷つくことはありませんから、社会のガス抜きには好都合でさえあるでしょう。

しかし、そもそも自分を「下流」だととらえている若者たちはどこからやってきたのでしょうか？　社会学者はそこにこだわります。そして本書を読み進めてきた読者は、私が何を言おうとしているか、もうわかっているはずです。

下流という言葉で人びとが了解した「ギャル系」「手に職（をつける）系」「ストリート系」の女の子たち、「SPA!系」「フリーター系」の男の子たちとは、要するに高卒層（と中卒層）の若者たちではないか、というのが私の考えです。言い換えるなら『下流社会』における「下流は……」という部分をすべて「高卒層は……」と「一括変換」していけば、三浦氏の議論の骨組みがみえてくるのではないか、ということです。

さっそく05年SSM調査のデータから、下流に相当する若者たちを引き出して確認してみましょう。まず、対象を『下流社会』が注目している35歳以下の男女（840サンプル）に絞ります。そして「社会を上、中、下に分けるとしたらどこに入ると思いますか？」という階層帰属意識の問いに、「下の上」と「下の下」と回答した層を「下流」と考えます。するとその比率は全体のうちの37・4％であり、三浦氏の調査とほぼ一致します。

この「ＳＳＭ下流層」に入る人たちの実社会のなかでの位置づけをみたのが図６-２です。ここでは、大卒／非大卒の学歴分断線、正規／非正規（含、無職）の雇用格差境界、世帯収入５５０万円未満と５５０万円以上の境界線に注目しました。

ここで明らかになるのは「ＳＳＭ下流層」３１３人のうち、およそ7割にあたる２１９人が（収入や雇用状態にはばらつきがありますが）高卒以下の非大卒層であるという事実です（グラフのグレーの部分）。また、グラフにはあらわしていませんが、この生年の大卒層

図6-2　下流の学歴構成

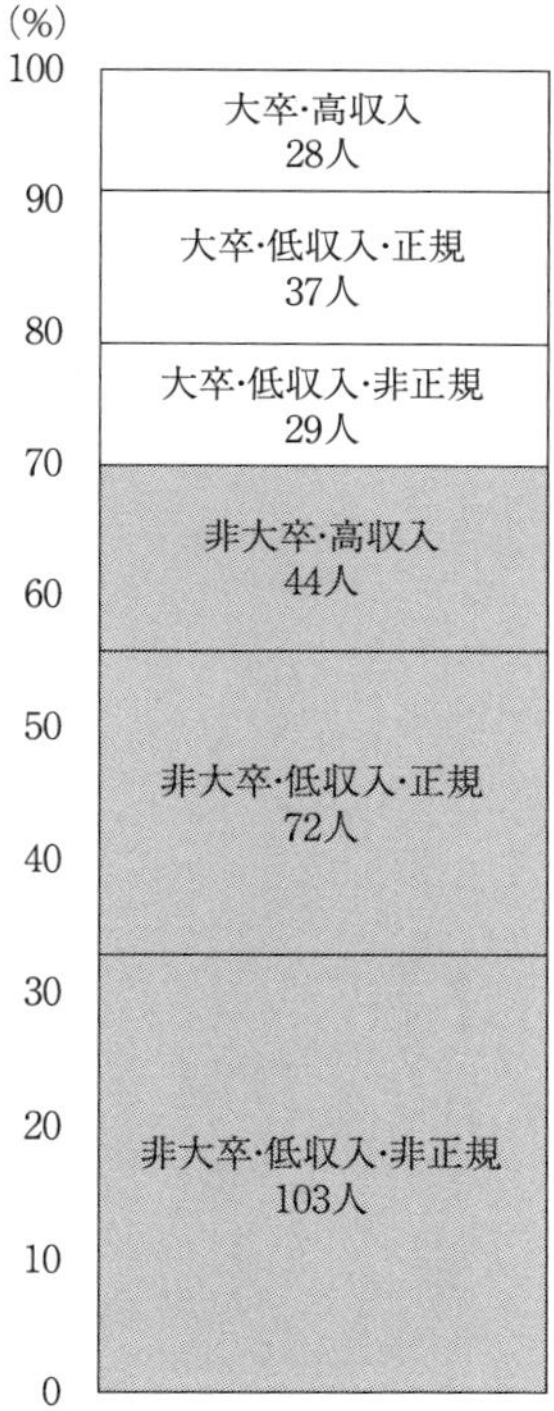

をみたとき「ＳＳＭ下流層」に入るのは26・0％にすぎないのですが、非大卒層をみると、およそ半数（47・6％）がここに入っています。これらはいずれも統計的に有意な傾向です。

こんにちの若年非大卒層のほぼ半数が自分は「下流」だと思っていて、それは大卒層の2倍の高い確率なのです。結果として「下流」の7割が非大卒層で占められているわけですから、やはり下流社会の「主成分」は学歴分断線だとみることができそうです。

この事実に立って「下流」を考えると、それは日本人がよく知る「高卒層」と「中卒層」のことだということがわかるはずです。さらに念押しするなら、「下流」の指標である階層帰属意識を決める要因は、経済的な豊かさと学歴であり、とくに学歴の影響力はこの30年間一貫して増大していることが分析によってすでにわかっています。つまり低収入で低学歴であることが、人びとに「下流」を自認させる要因なのです（『学歴と格差・不平等』）。

三浦氏は「下流」を消費文化だと位置づけているのですが、これはモノを買うという行動を、経済力と価値観の兼ね合いで考える見方です。経済力と価値観はどちらも学歴の影響を強く受けていますから、確かに話のつじつまはあっています。

三浦氏は『下流社会』の終盤においてこう提言しています。

下流社会の進展を食い止めるには、人気コミックの『ドラゴン桜』のなかで主人公の高校教師、桜木建二が実践したように、熱意ある特別授業によってやる気と将来展望を失った高校生に「東大受験」を目指させればいいのだ。さらに大学教育へのアクセスを容易にして、親の格差が大学進学に影響しないようにすればいい。そうすれば下流は減っていくだろう、と。

それは確かに正鵠を射た発想といえます。社会全体が受験に向かって加熱されていた昭和の大衆教育社会の状況にたち戻って、すべての18歳が「東大」を目指すゲームを再開すれば、社会の下層に淀みがちな下流＝高卒層は間違いなく減っていくはずだからです。

けれどもこれは、下流社会のかたちを変えるためには、その土台をなす学歴分断社会のほうを変える必要があるという指摘に他なりません。そして、それが一朝一夕には実現できないような膠着《こうちゃく》状態にあるのが、学歴分断社会なのです。

†希望格差の苅谷＝山田理論

「希望格差」あるいは「インセンティブ・ディバイド」という言葉を耳にしたことがあるでしょうか？　「下流社会」や「勝ち組・負け組」は世間でよく知られる言葉ですが、これらはもう少しアカデミックな言葉です。

インセンティブ・ディバイドは、苅谷剛彦氏が『階層化日本と教育危機』で述べた出身階層による高校生の意欲の格差のことです。希望格差は山田昌弘氏が『希望格差社会』などで展開した、若者たちの将来展望に階層差があるという指摘です。どちらも、意欲があり将来に希望がもてる若者たちと、目の前の課題に意欲をもって臨まない、希望を失った若者たちの分断が、00年前後からはっきりしはじめているとみています。

そして、この格差は自己責任で生じたものではなく、親の世代から引き継がれたものだとみる点も共通しています。さらに両者は、この意欲や希望の分断がもとになって、進学や職業キャリア形成についての格差が、さらに広がってしまうことに警鐘を鳴らしています。

ここではこの二つの議論をつなげた、希望格差の苅谷＝山田理論というべきものを考えることにします。それぞれの議論のキーワードを使って、それがどのようなものか紹介してみましょう。

いま、「ゆとり教育が学力低下をもたらした」といわれるようになり、学習指導要領の見直しがなされています。そこで課題に挙がっているのは、国際比較をしたときの日本人の学力低下です。しかしそれは、子どもたちの学力がおしなべて低下したということではありません。家庭の階層的な地位が高い層では学力は下がっていないのに、下層において大きく低下しているという、階層差がみられるのです。

総中流の時代は、クラス全員に目いっぱい学力を詰め込む教育によって、あらゆる子どもたちが高い学歴に向かって押し出されていました。しかし90年代のゆとり教育導入後は、義務教育や高校教育における学力の詰め込みの度合いが緩められました。この方針転換は、親のはたらきかけかた次第で、子どもの学業にどんどん差がつく状況を招きました。このため、家庭の階層的要因と子どもたちの成績や進学が以前よりも強く結びつくようになってしまった、と苅谷氏は指摘したのです。この指摘は「教育格差」論の先駆けともなりました。

苅谷氏は高校生の学校調査を分析し、「意欲をもつ者ともたざる者、努力を続ける者と避ける者、自ら学ぼうとする者と学びから降りる者との二極分化の進行」を明らかにしています。そして、子どもたちの学習に対する誘因・意欲（インセンティブ）が、「親の階層」によって近年顕著に異なってきていることを明らかにしています。さらに、自ら学業から降りた高校生たちが、そのことに引け目を感じることなく、自己満足・自己肯定していることも指摘しています。

このように、家庭の階層的要因による子どもたちの意欲の分断状況を論じるインセンティブ・ディバイド論に対して、私はただ一点だけ重要な事実の確認をしました（『学歴と格差・不平等』)。それは、苅谷氏が階層間格差とみたものは、母親の学歴が高いかどうかという変数になっているということです。すると、そこで描き出されたのは母親の大卒／非大卒が、大学受験を前にした高校生の学習意欲や学習時間を決めているという構図ではないか、ということになるわけです。

70年代には母親の学歴によるこうした差が生じることはなかったが、90年代には母親学歴によるインセンティブ・ディバイドが生じはじめた――。この間にゆとり教育が導入されたことこそが、この変化の元凶だとみる苅谷氏の指摘も誤りではないかもしれません。

けれども母親学歴に注目してみると、70年代は大学・短大卒の母親が10人に1人しかいないなかで、多くの子どもたちが親を越えていき、およそ40％の大学・短大進学率が成立していた時代だったことがわかります。それが2000年前後には、母親の3人に1人が大学・短大を出ているなかで、子どもの大学進学が50％弱という状態に変わっているのです。ここには、学歴上昇家族が主力になって牽引していた大衆教育社会から、大卒再生産家族が主力になって牽引する学歴分断社会へという時代の変化をみることができます。

ですから、まず学歴社会のかたちが変わり、それがゆとり教育を許容する風潮を生み、「教育格差」といわれるものを拡大させ、「お受験」ブームを招いているというのが私の見方です。つまり学歴分断社会の進展こそが「教育格差」の「主成分」だというわけです。

†水面下の学歴分断社会

いっぽう山田氏は、前述のパラサイト・シングル論を展開した後、若年（就労）層に注目しつつ、総中流社会から格差社会への時代変化を論じています。その際、希望をこんにちのキーワードとみているのです。希望という感情は、努力が報われるという見通しがあるときに生じ、努力してもしなくても同じとしか思えないときには絶望が生じると山田氏は説明します。そしていま、そうした希望に二極化といいうるほどの上下差が生じてきたことを指摘しています。

いま、日本で生じつつある社会変化は、能力のあるものの「やる気」を引き出すかもしれないが、能力がそこそこのものの「やる気」を削ぐという側面がある。苅谷氏が、教育状況の分析から、やる気の断絶（インセンティブ・ディバイド）と呼んだのも、この状況を表している。

そして、「二極化」傾向が、この状況に加わる。教育においては、親や能力に恵まれたものは、努力が報われリスクが少ないパイプに入り込むことができる。企業の中核的正社員に採用されたものは、その努力は認めてもらいやすい。できのいい子どもをもつ親は、その養育努力を賞賛される機会が多いだろう。一方、親に恵まれないものは、努力してもパイプラインから漏れやすいし、フリーターは単純労働で頑張っても中核的正社員になれるわけではない。

高度成長期の「希望」は、誰でも持つことが出来た。しかし、現代社会においては、希望は、誰でも簡単に持てるものではなくなっている。希望をもてる人ともてない人、その格差が歴然とひらいているのである。（『希望格差社会』）

こうして苅谷＝山田理論は、フリーターの増加、正規雇用と非正規雇用の格差などを経て、ライフコース全体が二極化していることを示唆するに至ります。

さて、読者は私がどういう主張をしようとしているか、想像がついていると思います。山田氏のいう努力が報われない層、将来の見通しがもてず、リスクの大きい層、つまり「希望がもてない層」というのはいったいだれのことなのか？「パイプライン」とは何を指しているのか？を考えるとき、これが学歴分断線がもたらす作用を、学歴に直接触れないように遠まわしに説明したものであることに気付くはずです。

希望格差論では、大卒／非大卒の学歴分断線、学歴の世代間関係、人生を通じた学歴メリトクラシーの作用については、直接触れられているわけではありません。しかし、水面下の学歴分断社会では、親（母親）の大卒／非大卒が子どもの大学進学を左右しており、これが「家庭の階層的要因が教育に影響する」というインセンティブ・ディバイド論に対応しています。そして学歴下降回避の動機づけによって親子の学歴が繰り返されることについては、「努力する層と、学びから降りてなお自尊心の高い層の間の意欲格差」という解釈がなされているわけです。

さらに、高卒の若い人たちが、社会に出たとたんに、給料が低く、雇用が不安定で、しかも労働市場での競争力が低いという現実に直面することについては、「努力しても仕方ないという絶望」として説明がなされます。逆に大卒層は、努力次第で成功するという可能性と、労働市場において半分よりも下（つまり高卒以下）には落ちにくいという競争力をもっているのですが、これがすなわち「リスクが小さく、チャンスが大きい層」ということです。このような学歴分断線をはさんだ高卒層と大卒層との対比が、二極化した希望格差といわれているわけです。

以上のとおり希望格差論は、水面下の学歴分断社会からいくつかの局面を切り出して、格差社会論の言葉に変換して語ったものに他なりません。そうだとすると、希望格差論の正しい「成分表示」には、やはり「主成分」として学歴分断線が用いられていることを明示しておく必要があるように思います。

表6-1　3つの格差境界による地位の8類型

	高収入・正規	高収入・非正規	低収入・正規	低収入・非正規	計
大卒層	211人	103人	126人	91人	531人
非大卒層	203人	96人	288人	206人	793人
計	414人	199人	414人	297人	1324人

†生活格差の境界を探る

下流社会や希望格差社会は、「社会意識のあり方が二極化してはっきりとした格差の境界がみられる」というイメージをわたしたちに伝えてくれます。この点について実際のデータ（05年SSM調査）から、どの程度のことがいえるでしょうか？　そしてそこにおいて学歴分断線は、どれほど重要なはたらきをしているでしょうか？　このことについて論じてみたいと思います。

以下では、平成になってから社会人になった40歳以下の男女を分析対象として、三つの格差境界に注目しています。それは、生活の経済的な豊かさと、雇用の安定度、そして学歴分断線です。

これらを表6-1のように組み合わせると、「高収入・正規職・大卒」「低収入・非正規職・非大卒」といった八つの地位の類型ができあがります。[1]表内の数字は、各類型に入る人の数を示しています。

ここで、それぞれの類型の人たちがどのような意識をもっているかを調べることで、ものの考え方や生活の仕方を大きく左右するのは、雇用にかんする正規／非正規の違いか、収入の高低か、それとも学歴分断線なのかがわかります。以下、分析される意識や行動は、同じかたちの指標[2]にして、棒グラフの高さで示します。

まず、「現在の仕事に対する満足度」をみてみます。このグラフでは雇用形態や収入による差は意外にもあまりはっきりとは出ていません。しかし仕事満足度は大卒層で高く、非大卒層では一様に低いという学歴による分断傾向がはっきりみてとれます（図6-3）。「われわれが少々がんばっても社会はよくならない」という意見に対する賛成／反対の分布でも、収入や雇用は思ったほどの差を示しませんが、学歴分断線による意識の違いは、とてもはっきりしています。このことは、非大卒層は自分が主体的に社会を動かしているという考えをもたず、「あきらめ感」が強いということを描き出しています（図6-4）。

続いて文化的活動の様子についてもみてみましょう。ここではクラシックのコンサート

1　収入は、世帯収入を中央値にあたる550万円で2分。正規職は正規雇用者＋自営業、非正規職には無職を含む。

2　意識の項目はすべて偏差値得点化して、肯定傾向は50より大きく、否定傾向は50よりも小さい値をとるようにした。政党支持率については％で示している。大卒／非大卒の差は、すべての分析で5％水準で有意な結果である。

図6-3　現在の仕事の内容に満足している

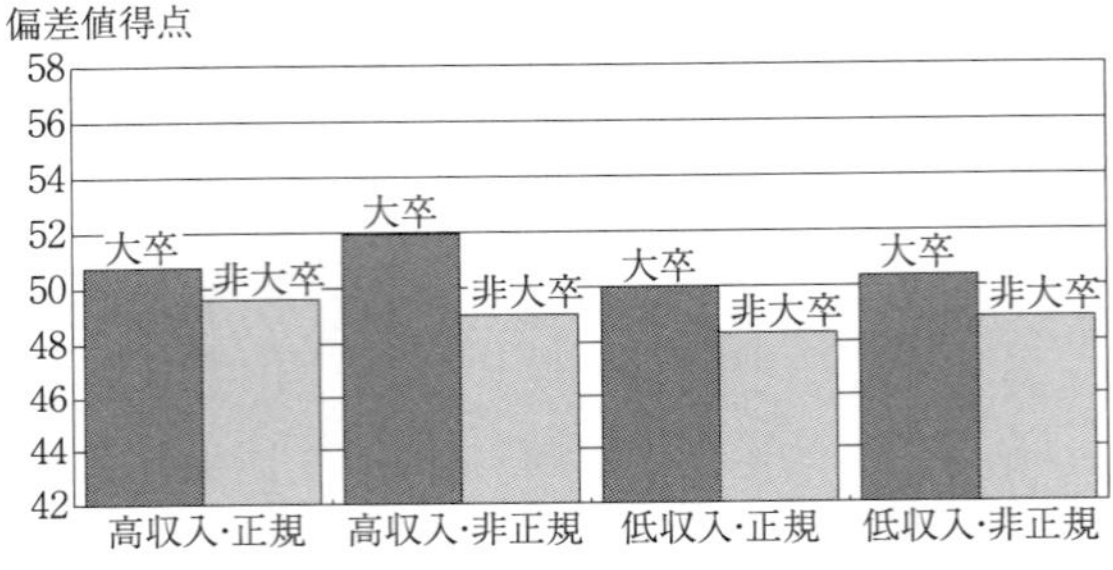

図6-4　われわれが少々がんばっても社会はよくならない

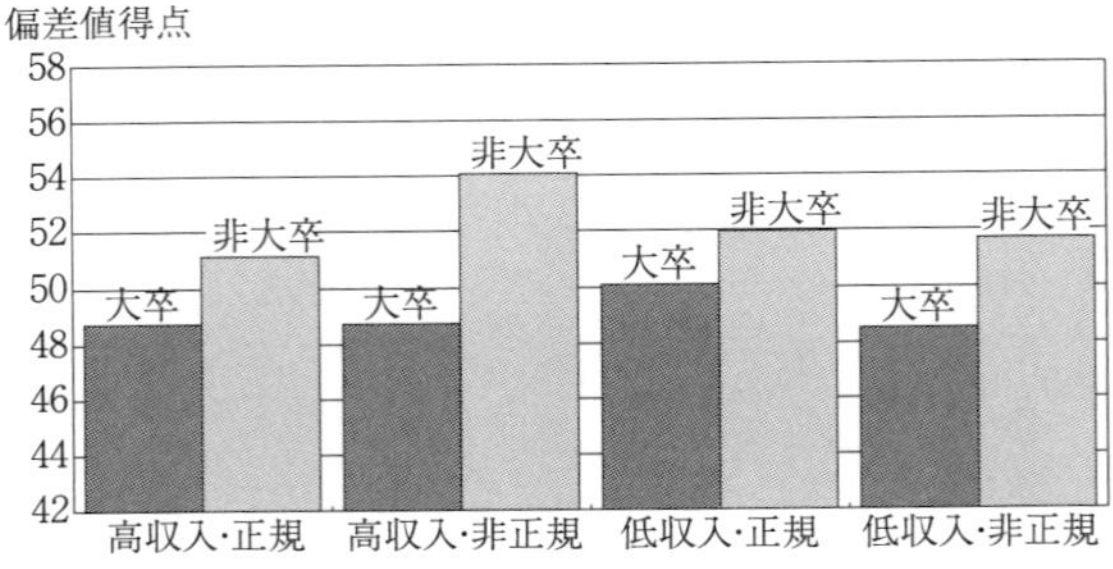

図6-5　クラシック音楽のコンサートに行く頻度

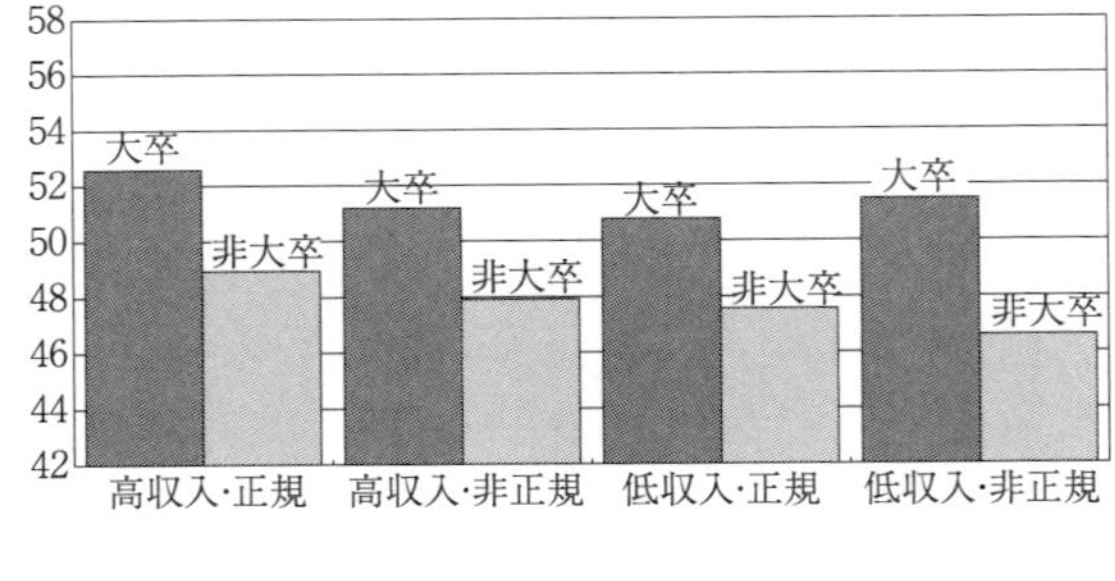

図6-6　小説や歴史の本などを読む頻度

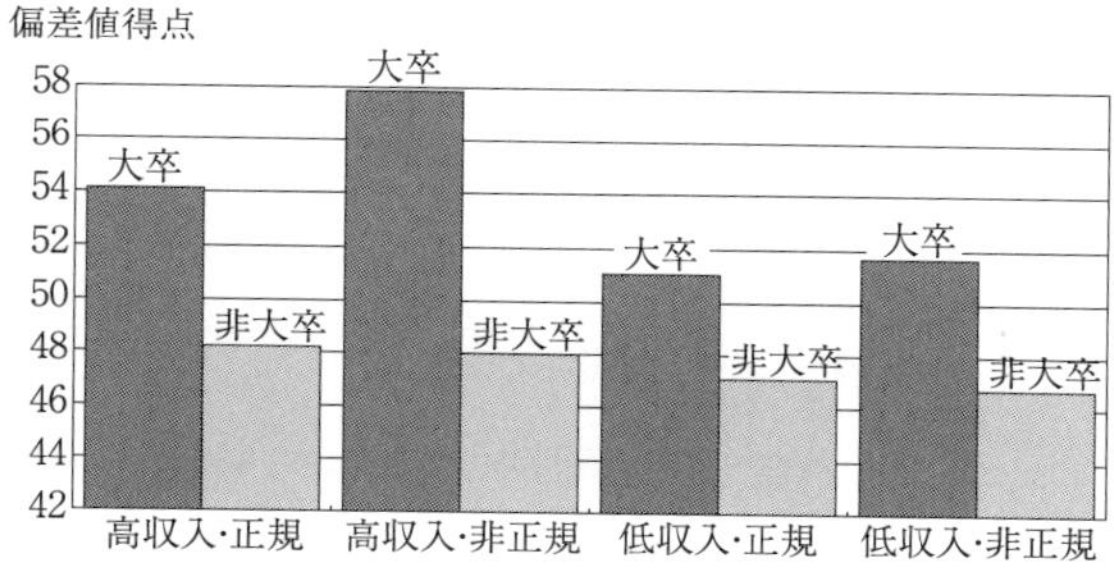

図6-7　本や雑誌で取り上げられた店やレストランに行く頻度

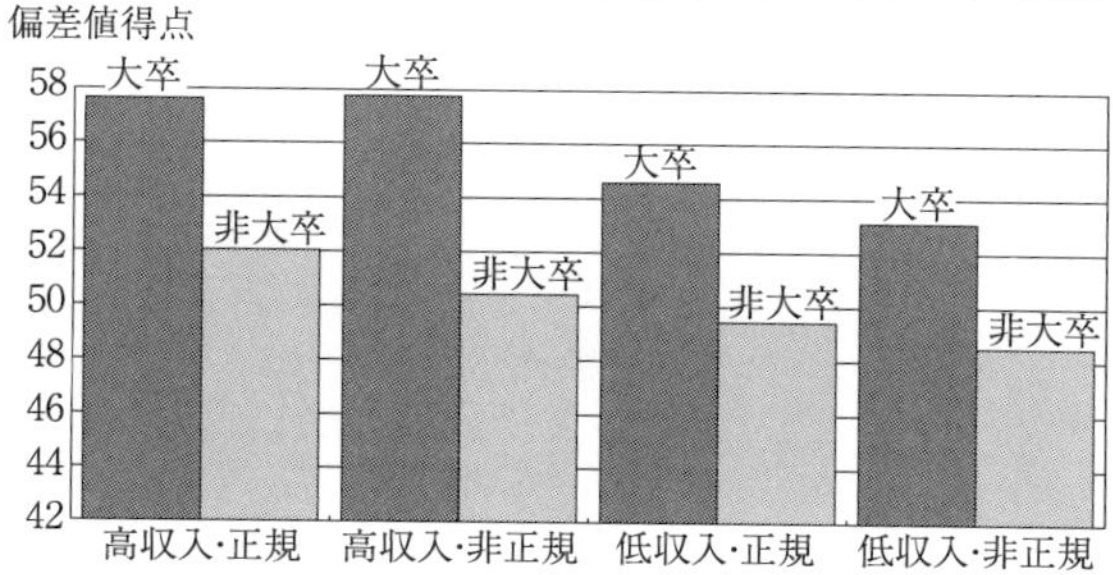

図6-8　選挙の投票に行く頻度

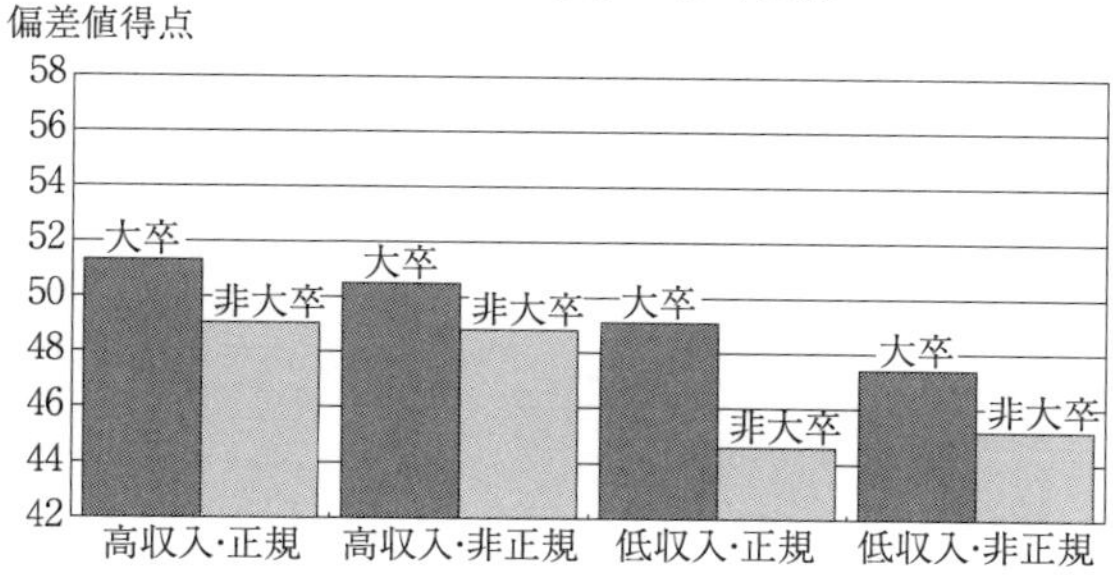

に行く頻度、歴史や小説などの本を読む頻度、雑誌や本で取り上げられた店やレストランに行く傾向をみます。クラシックのコンサートというのは、上流における正統的な文化活動の代表的なものです。歴史や小説などの本をよく読むかどうかからは、活字にどれだけ親しんでいるかをみることができます。そして雑誌や本で取り上げられた店やレストランにいくかどうかからは、情報リテラシー、メディア・リテラシーに基づく消費行動をみることができます。

こうした階層による違いについてはこれまで、「高い階層では……」といった、漠然とした表現がなされてきました。しかし、職業・収入・学歴のうちのどの要因が重要なのかについて、踏み込んだ議論はそう多くありません。

グラフをみると、世帯収入による傾向の違いや、雇用の正規／非正規による違いも、ある程度は確認できますが、最も明瞭に違いを生んでいるのはいずれも学歴分断線です。つまり、文化的な活動、ひいては文化資本の階層差といわれてきたものの「主成分」は、学歴差であったといえるのです（図6-5～図6-7）。

†政党支持の学歴差

同じ方法で政治についても分析してみましょう。ただしデータは05年時点のものですから、分析結果は「郵政選挙」といわれた第44回衆議院総選挙直後の状況を反映したものです。そのため、こんにちの政党の勢力分布とは異なるかもしれません。

ここでは国政選挙や自治体の選挙によく行くかどうかと、各党の支持率を知ることができます。第一にいえることは、低収入・非大卒層の投票頻度が他を引き離して低いということです。（格差是正）政策の対象とされるべきこれらの層において、十分に政治参加がなされていないということは、わたしたちの社会の重要な検討課題です。しかしこの事実も、学歴分断線を分析に使わないかぎり、はっきりと表面に出てくることはありません。非大卒層をこうして切り出したときにはじめて、若くて所得の少ない低学歴層が政治から疎外されているということがわかるのです（図6-8）。

つぎに政党の支持率をみると、規制緩和を掲げ「郵政選挙」で大勝した小泉政権時の自民党は、世帯収入、雇用、学歴ともに分断線より上の「勝ち組」に支持されやすい傾向があります。60年代の安保闘争の時代などを思い浮かべると、若年大卒層に新しい保守主義の傾向があるというこの事実は、たいへん印象的です（図6-9）。

ここで注目していただきたいのは、公明党の支持率をみると、非大卒層からより多く支持されているということです。この党は大卒層からの支持率が極端に低く、いわば「高卒政党」ともいうべき支持基盤をもっているのです（図6-10）。

図6-9　自民党支持率

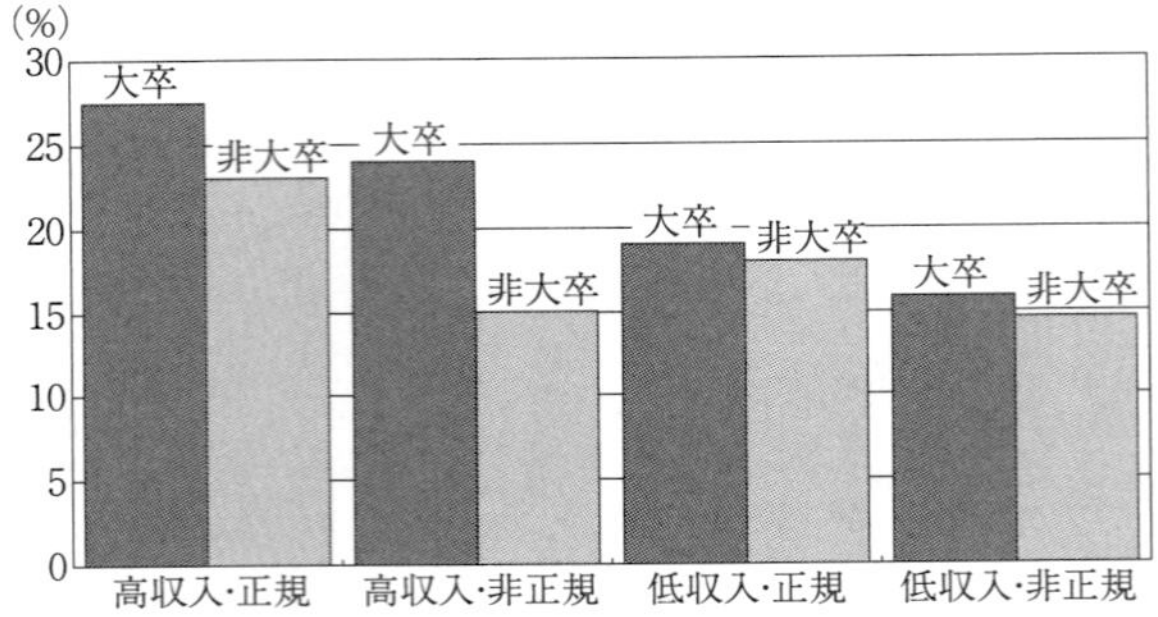

さらに、自民党の支持率のグラフと公明党の支持率のグラフを重ねてみると、興味深いことがわかります。このときの連立与党全体では、学歴分断線に基づく支持率の差や、雇用による格差が均されて、どの階層でも、支持率がほぼ25%になるのです。

以下、実証データを少し離れてこのしくみを解説します。昭和の国政選挙では、労働組合をはじめ、保守・革新双方の組織から、「地方区は○○さん、全国区は△△さんが当選すれば、あなたの暮らしの利益を代表してくれます。奥さんやおじいちゃん、おばあちゃんにも、同じように伝えてください」といった指示が選挙前に回っていました。ですから政策についてあまり知識がない人や考えたくないという人も、さほど迷わずに投票することができていたわけです。

けれどもいま、労働組合をはじめとする組織はさまざまな理由で組織率を低下させていることもあって、

図6-10　公明党支持率

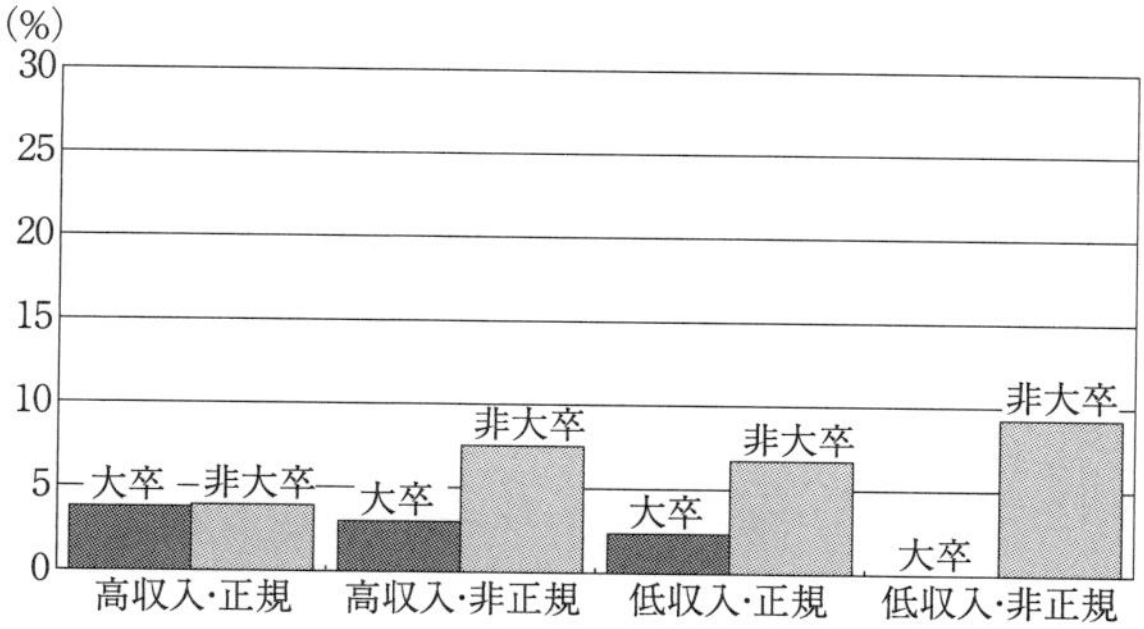

多くの人に対してそうした指針を示すことができていません。加えて、いまの国政選挙には「比例区復活当選」などの有権者にとってわかりにくいしくみがあります。

そうなると、政治は難しすぎてよくわからないと考えている無党派層は、「自分の意見や利害を選挙に活かすには、どの投票区分でだれに（または何党に）投票すればいいのかな？　だれか教えてください」といった思いを抱いたまま、投票をためらわざるをえません。そのような「支持なし」ではなく「指示待ち」の人びとが、投票頻度が低い非大卒・低収入の層と重なることは、容易に推測できることです。

ですからこの層に対して、「あなたの暮らしを守る政策を実現するには、選挙区では○○さん、比例区では△△さんに入れればいいのですよ」と電話などで教えてくれる政党があれば、その人たちの投票を期待することができるわけです。かつては労働組合が担っていたこうした無党派層の取り込みを、いま唯一実践しているのが公明党の支持組織（創価学会）なのです。公明党の支持者が非大卒層に偏っているという事実は、このことを裏付けています。

しかし、このような政党が新保守的な大卒層にもアピールするのはとても難しいことです。ですから、ここで自民党のような守備範囲の異なる政党と協力して、それぞれの選挙戦略を受け持つようにすれば、双方からの支持を得ることができるわけです。

こうして05年の「郵政選挙」で自民・公明の連立与党は、あらゆる階層をカバーすることができ、それが歴史的な大勝に結びついたのではないでしょうか。

紙幅の都合上、ここでは多くを例示することができませんが、このように階層の類型を用いてそれぞれの傾向をみることによって、人びとの意識や世論におけるさまざまな「格差」現象の「主成分」が学歴分断線にあるという現実を知ることができます。

†モンスター・ペアレントは双頭竜

もうひとつだけ、最近話題になっている現象を学歴分断線を用いて解説してみましょう。

ここ数年、義務教育の小中学校では、わが子のことでいろいろ注文をつける親が増えてきたといわれています。私は、学校経営や教師の研究には詳しくはないのですが、いま現場の先生方はクレイムへの対応に苦慮して、「悲鳴をあげる」状態になっているといいます。

こうした学校へのクレイムのうち、わが子にかんして苦情や無理難題をいう親を、モンスター・ペアレントというようです。これはある商品について、「お客様相談窓口」に苦情を言い立てる、いわゆるクレイマーと同じです。つまりそれは、親という教育の「消費者」が、学校でわが子に提供される「商品」がニーズに合っていないとして、「販売」側にクレイムをいうということなのです。

よく例に挙がるのは、経済的に貧しいわけではないのに、給食費を払わない親がいるということです。これは「頼んだわけでもないのに商品が押し付けられるのだから、代金を払いたくない」という、まことに陳腐なクレイマー問題です。

こうした問題の解決は難しいのですが、そのかたちは複雑ではありません。それは全国あるいは自治体単位で統一された内容をもっている義務教育という「商品」に対して、それを享受している学級のなかから、ポジティブ・ネガティブ双方のクレイムがくる可能性があるということです。たとえば、給食は必要だ、いやうちの子には必要ない、遠足のような学校行事をもっと増やしてほしい、いやもっと減らすべきだ、毎日宿題が少なすぎる、いや多すぎる、担任はうちの子をもっとかまってくれ、うちの子にはあまりかまわないでくれ……といった具合です。

　現場の先生方にすればこれらは、ある一つのことについて、学級をプラス・マイナスどちらに導いていけばいいのかわからなくするような「言いがかり」です。しかも、どの親からどんなクレイムが出てくるのかまったく予測がつかないといいます。もちろん一人ひとりにきめ細かく対応すれば解決も不可能ではないでしょうが、それでは同じ年の子どもたちを集めて教育するという、学校がもつ大切な役割を果たせなくなります。先生たちとしては、まさに怪物（モンスター）に魅入られた状態だというわけです。

　現場を十分に知らないままコメントをするのは慎まなければなりませんが、私はいまの学校の教員にとって親がモンスターにみえてしまう理由を2点指摘できると思います。

　第一は、教員が家庭あるいは親の状態を知りたくても知りえないということです。きょうだいの様子や家族数くらいは聞けますが、親の経済力、収入の安定度、職業、そして学歴などについては、プライバシー保護という壁にはばまれて、ブラック・ボックスになっています。日々、クラスで接する子どもたちの姿はよく知っているのですが、子どもたちとその背後の社会階層のつながりを知ることはできないのです。怪物になぞらえるのはちょっと行きすぎた表現ですが、姿をみることができないというのは、確かに何か得体の知れない恐怖を生む要因です。けれどもこの点については、個人情報保護に敏感な現状に鑑みると、「改善」することはできそうにありません。

二点目は、姿のみえない親をカテゴリ分けするための、教員の「整理箱」として、使い勝手のいいものが提供されていないということです。このことについては前向きなアイデアを示すことができそうです。

すでに述べたとおり、この点について昨今の教育社会学は親の経済力という「整理箱」を推奨しています。階級・階層研究には以前から親の職業という「整理箱」も用意されていました。けれども、親の学歴による学校や教育に対する「構え」の違いを考えましょう、というアドバイスはみかけません。私は、現場の先生方に、これからはぜひ学歴分断線を念頭においてクレイムに対処するようお薦めしたいと思います。

保護者からのクレイムの例をみると、親の学校教育への期待のあり方が、大別すると2通りあるということに気付きます。ひとつは、わが子の学力を学校でしっかり伸ばしてほしい、あるいは伸ばしたいという希望です。もう一つは、わが子を学校が責任をもって預かって、日常のしつけを含め「生きる力」を伸ばしてほしいという希望です。このどちらにも入らないクレイム、つまり単なる親バカによるクレイムも確かに少なくないようですが、その対策は社会学者ではなく弁護士やカウンセラーの領分ということになります。

学歴分断社会においては、親の学歴によって学校への期待の方向性が顕著に異なります。

大卒層の親は大学進学志向が強いため、家庭教育に熱心に取り組み、高い学力と人間力を身につけさせることによって、他の子よりも上位の学歴が得られるように力を注ぎがちです。しかし非大卒層の親は、学力や進学にかかわることにはそう神経質にならず、家庭の負担を少なくし、教員にわが子の個性をみつけて伸ばしてくれるよう求めがちになるわけです。極端な言い方をするならば、これは小中学校を進学塾とみるか、託児所とみるかということが、親の学歴によって「二極化」しているということです。

ですから、同じ学級内で保護者の希望がさまざまに入り乱れているなら、これは親の学歴によって学校に対する期待が異なるからでは?と考えてみると、状況を整理する手がかりが得られるのではないかと思います。

05年SSM調査の対象者のうち、子育て中の父母（20~40代の子どものいる男女）について、そうした実態の一端を示してみましょう。まず、「子どもにはできるだけ高い教育を受けさせたほうがよい」という質問についてみると、大卒学歴をもつ父母では76・9%が「そう思う」と回答したのに対し、非大卒層では49・8%にとどまっています。「子どもには家庭教師をつけたり、塾に行かせたほうがよい」という質問についても、大卒層では47・4%が「そう思う」と回答しているのに対し、非大卒層では35・6%にとどまっています。

文化的活動についてみても、文学全集・図鑑をもっているのは大卒層で31・5％、非大卒層では23・7％、ピアノが家庭にあるのは大卒層で40・5％、非大卒層で24・0％です。これらから、学歴分断線の上と下では家庭の教育方針に違いがあり、子どもの「しらべ学習」や「情操教育」についても、大卒層と非大卒層では家庭教育による差が出やすい状態にあることがわかります。

つまり、モンスター・ペアレントは、大卒層と非大卒層という双頭竜のかたちをして学級のなかに潜在しているのです。これがもし「襲って」きたなら、まず大卒の親たちの頭が火を噴いているのか、そうでない親たちの頭が火を噴いているのかを冷静に見定めることです。そして学校にどのような教育を期待しているのかを予測して、それに応じたコミュニケーションをすればいいのではないでしょうか。そうすることで、少なからぬ数のクレイムを、対処可能なものにできると思います。

いずれにしても、学校の教員は階層や格差にかんすることを保護者から聞き取ることはできません。けれども、教員のほうで「整理箱」を用意しておくことは可能です。もちろん過剰な思い込みは慎むべきですし、親の学歴がわかったからといって、それが親の教育方針をどこまで左右しているのか、確実なことはわかりません。しかし親の学歴によって、学校教育に何を求めるか、学校教育に対してどのような「戦略」をとるかということに違いが生じやすい、ということを頭の片隅においておくと、少し楽になると思うのです。

現在、親たちの義務教育に対する期待に大きなばらつきが生じているのは、ある意味で歴史の必然です。かつての大衆教育社会では、どんな生まれの子どもでも、学校教育を受けることで、中卒や高卒の親よりも高い学歴に進んでいました。ですから当時の家庭の多くは、わが子が学校に適応できるように努めていましたし、学校がわが子の大学進学を可能にしてくれるだろうと期待し、わが子をほぼ全面的に委ねていたわけです。ですから、あの時代にはモンスター・ペアレントなど存在しようがありませんでした。

しかし、学歴分断社会になると、大卒の親と非大卒の親とで、異なる教育方針をもつ傾向が顕著になってきます。しかも家庭教育を重視する教育政策によって、その違いはさらにはっきりしたものになりつつあります。

経済成長が著しかった時代は、親子の学歴の関係や、教育方針の階層による違いも、そうした社会の大きな変化に隠れてさほど目立ちませんでした。それがいまはストレートに教育現場に表れるようになっているのです。

いま、この国の父母の半数が大卒学歴であるのに、子どもたちの半数しか大学進学をめざさないというのが、教育現場の実情です。もはや小中学校は子どもたちの学歴を引き上げる装置ではなく、大卒と非大卒が半々の比率である親たちから子どもを預かり、再び半々に振り分ける「交通整理」をするところへと役割を変えているのです。わたしたちは、この現実を正確に理解したうえで、「教育格差」として語られている小中学校での出来事を考え直す必要があるのではないでしょうか。

†ただ一つ聞くとすれば

この章では、タブー視されてきた感のある、親世代・子世代の学歴分断線を考えぬくことで、どれだけわたしたちの視野が広がるかを具体的に示してきました。

私の手元にはいま、ある商品の「顧客アンケート」があります。その質問内容をみると、年齢、職業、家族構成、趣味、年収などが細かく尋ねられています。それだけではなく、よく読む雑誌や購読新聞、よく使う交通手段や商業施設などについても尋ねられています。ところが、学歴を尋ねる項目が見当たりません。

ということは、学歴を用いて顧客を分類するという発想がないということです。自動車や住居などの大きな商品を売る場合から、小売店の会員登録まで、さまざまなマーケティングを考えるとき、わたしたちは、相手がどんな人たちか想像します。それは商品開発やテレビ番組作り、政治や地域での活動や学校教育を考えるときも変わりません。そうした場合、さまざまな人の多様なデータを整理するために、性別や年齢、職業、家族構成、居住地域などが用いられてきました。けれども私は、ただ一つ聞くとすれば、これからは何をさしおいても大卒か非大卒かという学歴の区分だと考えます。とくに現代日本の格差社会にあっては、職業など他のどんな属性を用いて階層を分類するよりも、学歴を用いたほうが、視界がクリアになるはずです。

たとえば地上波キー局のゴールデンタイムで、常識や知識量や思考の柔軟性をたずねたり、漢字の読み書きをさせたりするクイズ番組が増えましたが、それを観ているのはどんなタイプの家族なのか？　ある政党のマニフェストに専門用語が多くでてくるのはなぜか？　一部の高級輸入車の販売店のカタログが、英語とカタカナの専門用語とキャッチ・フレーズばかりなのはなぜか？　これらの問いに答えるには、学歴が謎を解く鍵となるのです。

第7章 逃れられない学歴格差社会

†学歴分断線があるかぎり格差はなくならない

学歴分断線こそが格差現象の正体なのだ——。

本書ではこのことを一貫して指摘して、実態を「暴いて」きました。けれども稿を終えるにあたって、煽《あお》ってばかりでなく、これを鎮《しず》めなければなりません。そこで本章では、「それではどうすればいいのか」を考えていくことにしましょう。

「豊かさ」「格差」「不平等」はいずれも「格差問題」を語る際に用いられる言葉ですが、それぞれ次元が異なることに注意しなくてはならない、ということは第2章で論じました。ここでもう一度この議論を用いながら、学歴分断社会の将来像を考えてみます。

まず豊かさです。学歴にかんする豊かさというと、国民の教育レベルのことになりますから、ここでは日本人の学歴の水準を考えます。今後、大学進学率や平均教育年数が政策によって引き下げられるということは、おそらくありません。ならば、教育レベルがもっと高まるかというと、大学全入時代が現実化しつつあるいま、大学進学率の大幅な拡大は望めそうもありません。したがって学歴分断線は、しばらくは現状のままで、あるいはもう少しだけ大卒比率が増えたところで、横ばい状態を続けると予測されます。

そうしたこともあって大学では、アジア諸国からの留学生を多く受け入れるとともに、社会人の再教育（リカレント）に力を入れるようになってきました。大学院への進学者数を増やすことも、ずいぶん前から行われています。

こうした動きは、社会全体の労働力の質を高めるための〝投資〟とみることができ、悪い方向性ではありません。しかし若い社会人の数パーセントにあたる人たちの就職を遅らせたり仕事を休ませたりして、大学や大学院で学ばせるだけの余力は、いまの日本にはなさそうです。なぜなら、かれらがいま負担している年金の保険料や租税額が減り、逆に文教予算を増やさなくてはならないからです。

しかも社会人が大学教育を受ければ、その分、働ける年数が少なくなるわけですから、かれらは卒業・修了後は急いで仕事に戻って、〝投資〟を回収しなければなりません。しかしその実情をみると、MBA取得コースや法科大学院など一部のビジネス・パーソンたちや、教員の専修免許取得者などを別にすると、こうした〝投資〟分の回収に頓着しない人が多いようです。実益を優先しないというのは純粋な学問への高いこころざしの表れであり、尊いものです。しかし、このような社会人再教育は、その人の地位を高めることにかならずしも結びつきませんし、日本全体の労働力の質を高めることになるとも言い切れないところがあります。

ですから日本の場合、「大人」に対する教育の拡充によって労働力の水準が高まるかというと、現時点ではその兆しはあまりなく、変化のきっかけにはなりそうにありません。したがってわたしたちは、学歴分断社会から当分の間、逃れることはできないのです。

図7-1～図7-3は、1985年、2005年そして2025年の学歴の構成比を示しています。85年の日本社会では、高卒／中卒境界と、大卒／高卒境界が左上から右下に向けて斜めに走っており、中卒（義務教育）・高卒（中等教育）・大卒（高等教育）のほぼ3分割の状態でした。

しかし05年にはその比率は大きく変化し、大卒と高卒の二分化の兆しがはっきりみえています。さらに大学進学率がこのまま続いていくと、2025年には大卒／非大卒の学歴分断線は、あらゆる世代を上下半々に切り分ける状態になることが予測されます。これはそれほど遠い先のことではなく、今年（2009年）生まれた子どもたちが大学受験をする頃の未来予想図です。

それでは、このような学歴分断社会の本格的な到来によって、（経済）格差のあり方がどうなっていくのかを考えてみましょう。

「格差のない平等な社会の実現」という言葉は魅力的な響きをもっています。実際、所得格差が平準化していくことは望ましいこととされています。しかし、格差現象の「主成分」は学歴分断社会にあると考える私の立場からは、この先、所得格差が縮小する気配を

図7-1　1985年の日本社会

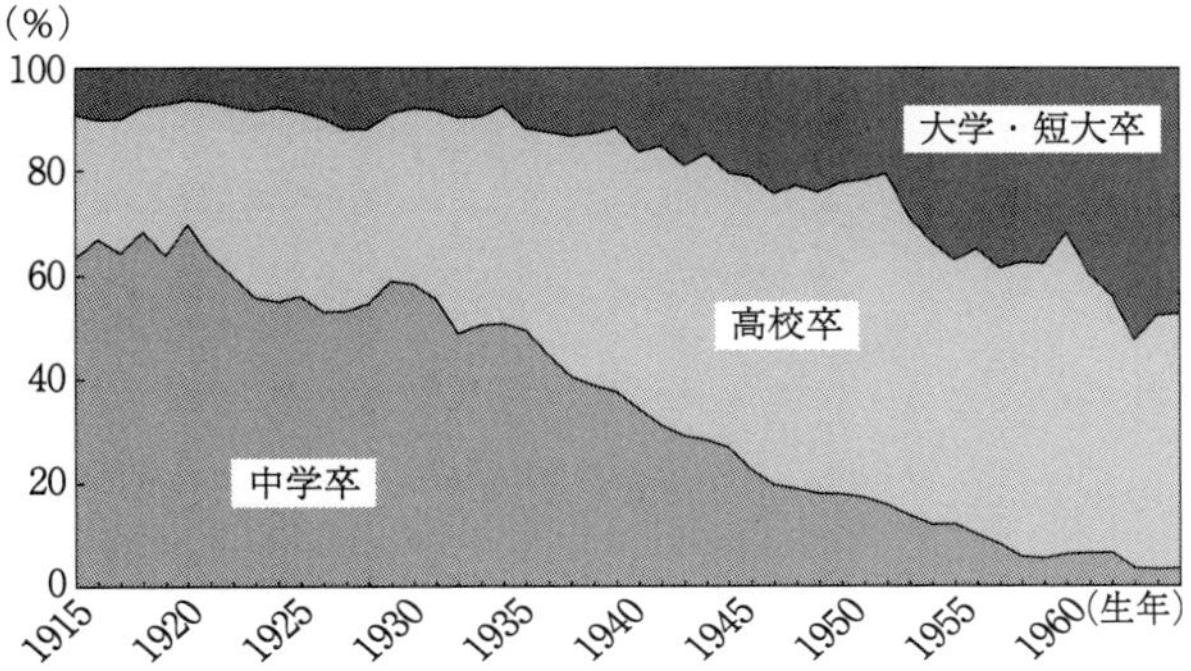

図7-2　2005年の日本社会

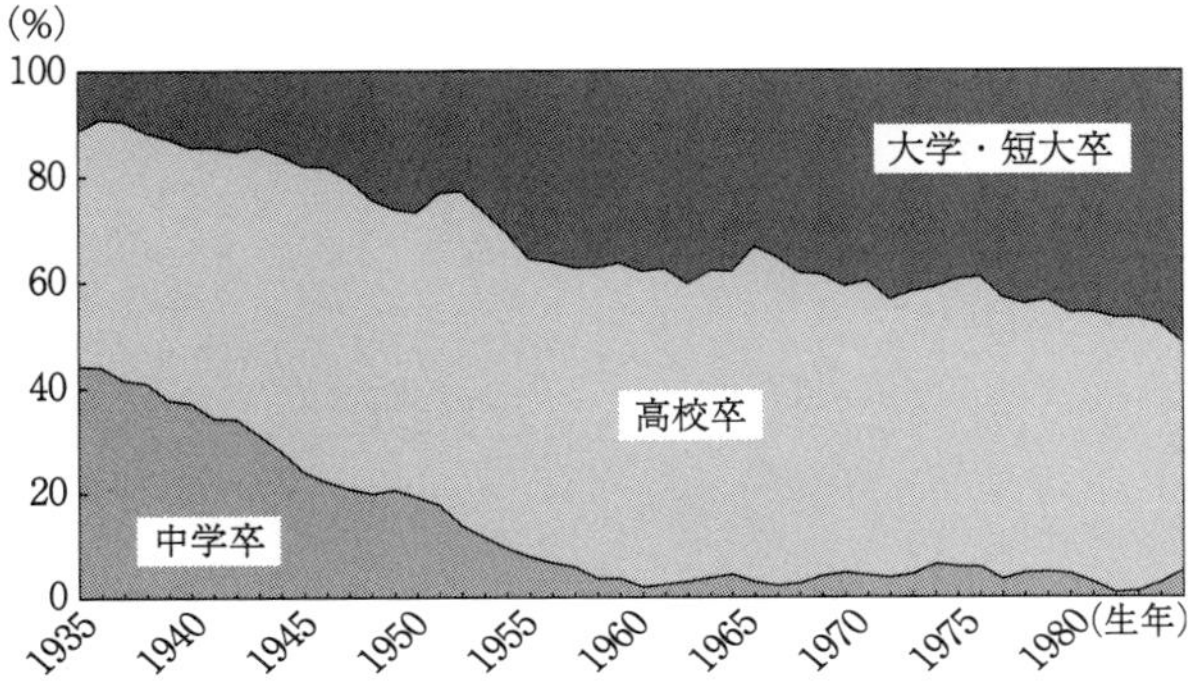

図7-3　2025年の日本社会

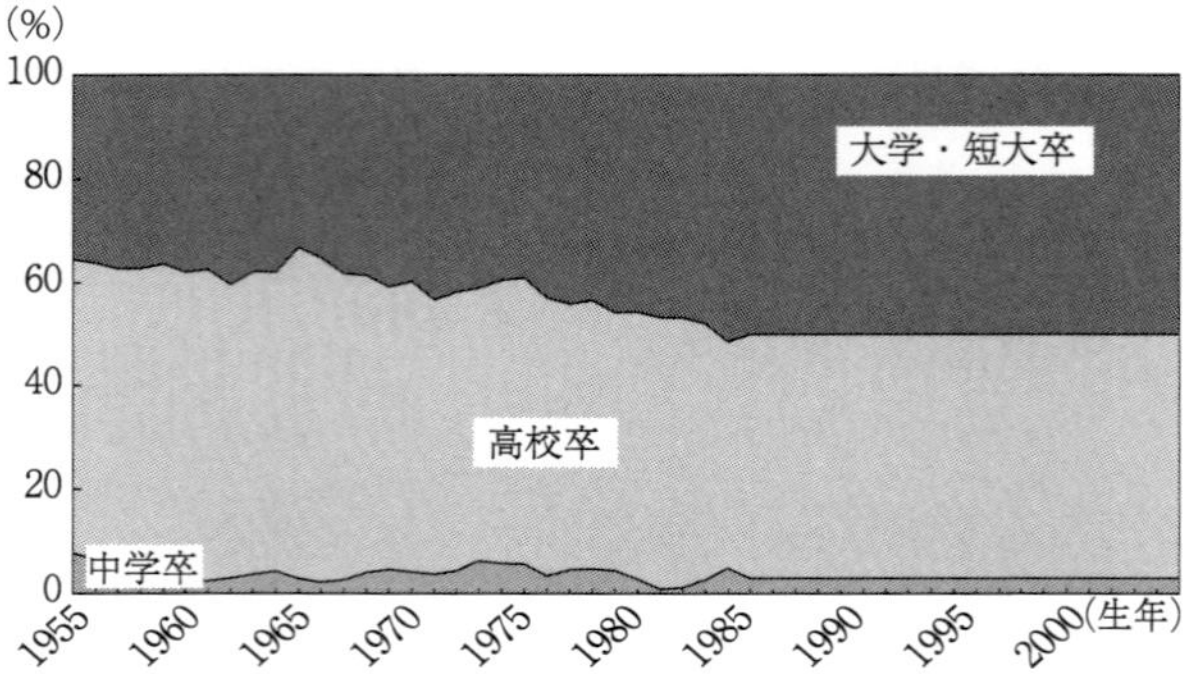

見出すことはできません。なぜなら所得の平等化は、大卒層と非大卒層の経済的な損得の差が小さくなることを意味するからです。

大学4年分の学費と、その間に働いていれば得られるはずの所得の差額は、少なくみても1000万円を超えます。大卒層の立場でこの「投資額」を考えると、社会人になってからの（学歴による）所得格差が少ない社会は、自分への〝投資〟が報われない社会です。

繰り返してきたとおり、学校は公式に認められた格差生成装置です。ですから、学歴分断線が日本人を上下に二分しているかぎり、わたしたちはその影響から逃れることはできないのです。経済的な意味での格差現象も、学歴分断線を反映させながら、しばらくは続いていくと考えるべきでしょう。

そうはいっても、大衆教育社会=総中流社会は幸せな「平等社会」だったではないか？　と思う人もいると思います。そういう方は是非、本書の第3章を読み直して、総中流社会が格差社会へと転換していくメカニズムを確認してみてください。

†貧困対策としての高校義務化

もっとも、最近とみに重要な課題として話題になる貧困層の問題については、わずかですが提言があります。それは、これから社会に出ていく若い世代の中卒層（含、高校中退）を極力減らしていくべきだ、ということです。いま若い人たちについて、学歴別の人口比率を描くと図7-4のようになります。いまでは中卒層は、全体の数パーセントほどまで減ってきているのです。社会学者の岩田正美氏は、この中卒層が貧困に陥りやすいことを強調しています。もっとも85年頃の各学歴の構成比をみると（図7-1参照）、中卒で社会に出た人が少なくなかったことがわかります。

図7-4　日本の学歴構成比率

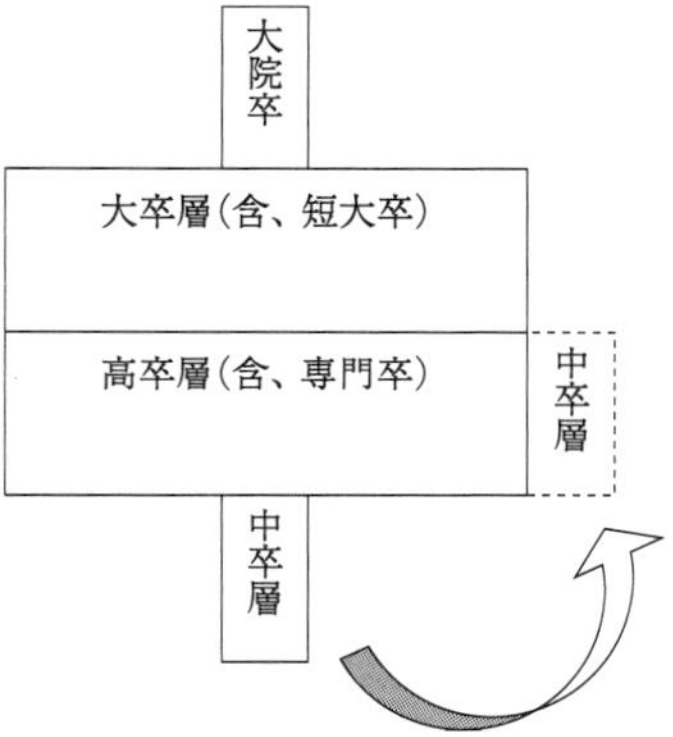

けれども、高度経済成長期に中学を卒業してすぐに仕事に就いた人たちは、当初は「金の卵」ともてはやされたのにもかかわらず、20代になると、下の世代でどんどん数を増してくる高卒層に仕事を奪われていきました。そのため多くの人が不安定な単純労働に従事することになり、やがてその少なからぬ数が、生活保護受給者や高齢路上生活者になっていったのです。

図7-3のグラフからわかるとおり、近い将来の日本社会で中卒層は、比率のうえでも上下関係のうえでも、マイノリティ（少数弱者）として位置づけられることになります。かれらに対して、低賃金の不安定な仕事が割り振られることは目にみえています。

ですから、「中卒」として社会に出るという選択肢が平成生まれの若い人たちにもなお残されているというのは、貧困層に陥るリスクの高い人たちをあえて作り出しているようなものなのです。しかも中卒層の若者たちの両親は、やはりほとんどが中卒学歴であるということがわかっています。ですから、長期的な視野に立って貧困の連鎖を絶つためには、高校を全入にし、中退者をなるだけ出さないような政策立案が急務なのです。

これは要するに高校の義務化ということで、実質的にほぼ実現している高校全入に制度的な裏づけを与えるだけのことです。少子化による生徒減のため、全国で高校の統廃合が進められているご時世ですから、新たに増えた高校生を収容しきれなくなるということは考えられません。この点では、高校教育を義務化することは難しくないはずです。しかし、すでに小中学校の9年分ですら大きな負担となっており、これに加えて高校3年間を義務化するというのは、財政的には勇気のいる決断であるようです。

†どこまでが不平等問題なのか

では、最も重大な格差問題とされる、親子のつながりの不平等と学歴分断線はどういう関係にあるのでしょうか？

親が大卒層であれば子どもの大学進学を願う傾向が強く、親が高卒層であれば、子どもが高卒であってもかまわないと考える。このような各家庭の進路選択が集積した結果、社会の真ん中に学歴分断線が引かれ、それが親から子へ、子から孫へと受け継がれていく——。これがわたしたちが直面している現実です。現代日本社会が世界に先駆けて向き合っているこの学歴分断社会には、いったいどのような課題があるのでしょうか？　そもそもこれは、改善すべき不平等状態だといえるのでしょうか？　このことについて、私自身がどう考えているのかをはっきりさせなければなりません。

まず図7-5をみてください。これは、本書のなかでさまざまな角度から論じてきた世代間関係について整理したものです。ここでは文化・学歴・職業・経済力の四つのものご

図7-5　世代間関係の意味づけ

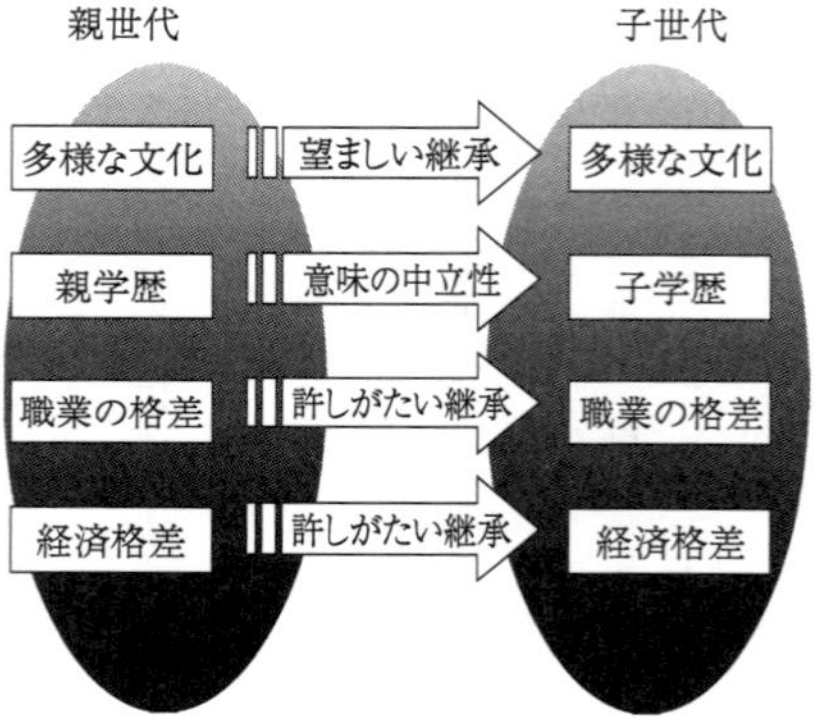

とを考えています。

人は社会のどのような位置に生まれるかを選ぶことができません。そうした変更できないものごとが、その人の人生を左右することは、本来は「あってはならない」とされてきました。

ただし、ものの見方や知識、習慣など、親から子へと受け渡されるものは、一人ひとりにとってアイデンティティの源泉でもあり、それにはプラスとマイナスの両面があります。ですから集団間の（格）差が、世代を越えて受け継がれていくということは、個性が尊重されて伝承されていくことを意味してもいます。

とりわけ多様な文化が世代を越えて伝達・継承されることについては、それが先述した文化的再生産となって地位の上下と結び付かないかぎりは、望ましいことだとわたしたちはとらえています。エスニックな文化の継承はもちろんのこと、「人間国宝」がその技を身内に伝えていくことも、地域の夏祭りの神輿《みこし》の担ぎ手を家族で代々受け継いでいくことも、家庭教育で宗教心や道徳性や「品格」などが子や孫に伝えられていくことも、それ自体では不平等だとはいえません。むしろこうしたものは、進んで継承されるべきものとされています。このような意味で、生まれによる個々人の違いをすべて平等にすればいいとはいえないのです。

しかし、経済的な豊かさが親から子へと受け渡されることは、許しがたい不平等の問題とされます。それゆえ、相続税制度などを導入することで、その改善がめざされています。それでもなお、経済力のある親の子どものほうが、そうでない子どもよりも成功しやすいという傾向や、貧困が世代間で継承されやすいという傾向は、さまざまなルートを介して生じてしまうのです。

親の職業的地位がその子にも受け継がれるということは、このルートのうちの主要なものですので、許しがたいこととされています。職業選択の自由は、わたしたちが生きる民主主義社会では基本原則の一つです。

それでは親子の学歴が似てくるということについて、どう考えたらいいのでしょうか？これまで学歴は、職業や経済力などの世代間の関連を仲立ちするものだとみなされてきました。確かに学歴が、親の階層の高低をひそかに子どもに伝達しているなら、それは不平等問題の許しがたい「共犯者」です。

けれども、「親学歴が高ければその子の学歴も高くなる」ということ自体については、いいことなのかそうでないのか、はっきりとは定まっていません。実際に「親の学歴が低くても、子どもが大学に進学できる社会を！」というスローガンを掲げたとしても、階級やエスニシティや経済格差の問題と比べたとき、いったいこれがどれだけ深刻な社会問題なのか、あまりピンときません。これは、いままでだれもこのことを、きちんと考えてこなかったためです。

直感的な言い方が許されるなら、勤勉な努力家で学問好きな親に育てられた子どもが、そうした親の傾向を受け継ぐといったことは、政策によってこれを是正するほどの不平等問題だとはいえないように思われます。学歴は、財産相続や職業の世襲のように、目にみえるかたちで受け渡すことができないから、そう感じられるのかもしれません。

これまでわたしたちは、この社会において下層の人びとの世代間関係が固定化されることを、望ましからざることと考えてきました。とりわけ生存権が脅かされるほどの下層（経済的にみるときは貧困層といいます）にあって、そこから抜け出すチャンスをもてずにいる人がいる場合は、積極的な是正策を講じるべきだと考えます。

けれども、近年の日本社会のように教育レベルがきわめて高く（若年層の平均教育年数はほぼ14年で、世界でも有数の高さです）、「高校卒業は当たり前、大卒層が半数以上」という豊かな（恵まれた）社会では、少し異なる考え方をすることができるはずです。

誤解を恐れずにいうならば、それは親子ともども大学に進学しない世代間関係が繰り返されることも、かならずしも理不尽ではないということです。確かに親子とも高卒という人生は、階層の上下という見方をすると、下半分にとどまることを意味しますが、そこでの親子関係は多くの場合、安定しています。社会的に高い地位につく可能性は減りますが、その代わり、同じ生活の基盤を世代間で受け渡すことができるからです。裏を返せば、子どもが親を上回る学歴を得た場合、親元を離れて「別世界」の仕事に就くことが多く、生活のスタイルも親子別々になってしまうというリスクがあるのです。

典型例を一つだけ挙げておきます。

茨城の県北地域に面接社会調査に行ったときのことです。60代後半の男性に、これまでの人生を振り返っていただきました。高校卒業と同時に地元の大資本の製造業の工場に就職し、そこで定年を迎えた方です。

その方にはお子さんが3人いて、いずれも大学に進学していません。そのことについて、次のようにおっしゃっていました。「うちの子はみんな勉強したいと言わなかったから、県立工業高校や県立商業高校を出て、地元の企業に就職して、ずっと働いている。いまはそれぞれ近くに住んでいて、孫の顔をみせにきてくれるんだ。けれども、近所の家で息子や娘を大学に進学させてしまったところは、いまは年寄りの二人暮らしでさびしくなってしまってるよ。家屋敷もどんどん荒れてくるしね。このあたりには、東京の大学を出た者の働き口なんてないもんだから、東京のほうの大学を出ると、あっちで働いて県内には帰ってこないんだ」

この方にとって、親子とも高卒という家族のかたちは、「勝ち組」とはいわないまでも、安定した人生の大切な基盤であるようでした。

親よりも高い学歴を目指し、日本人の多くが上昇移動をしていた高度経済成長期と違って、社会のそうした変動に乏しい現在、親とは異なるライフコースを進むということは、多くの人にとって当たり前の進路ではありません。こんにちの高卒再生産家族には、あえて親と同じような人生を歩むことで安定を得ようとする側面があるのです。

だとすれば、かれらが確信をもって選んだ人生を、学歴競争における「敗北」や大卒学歴からの「締め出し」だと一方的にみなすわけにはいきません。もちろん、いろいろなケースがあるとは思いますが、わたしたちはもはや、だれもが無条件に親より高い学歴を望む社会を生きてはいないのです。

学歴の世代間関係は、実際、大きな力をもっています。しかしそれは、わたしたちにとって「諸刃の剣」だといえるでしょう。図7-5に示したとおり、そこには文化の継承という側面と、経済的な不平等を再生産する側面とがあって、どちらか一方だけを取り出して問題化しても、それは偏った議論にしかなりません。

ですからいまは、そのしくみの頑強さと、その広がり具合を知ることが重要だというのが、私の立場です。そのためには、ただちに善悪を考えようとしないことも、ときには必要です。

とはいえ学歴が、親子の世代間関係において職業や経済力の継承を、大幅に手助けしてしまうようなら、それは是正されるべき事態です。そうしたことが生じていないかどうか、常に監視しておく必要があるでしょう。

†鍵を握る学歴下降家族

それではここで、この学歴の世代間関係の最新状況がどうなっているのかを、みてみることにしましょう。図7-6は、いまの20代の人たちとその親の、大卒／非大卒の比率を四つの家族類型ごとにグラフに示したものです。ここでは、高卒再生産家族が全体の4割弱と最も多く、それに続くのは大卒再生産家族で、ほぼ25％となっています。この二つを足せば全体のほぼ7割で、それだけ親子の学歴が同じという家庭が多いわけです。そのことからも、学歴における世代間継承の流れがいかに強いかということが確認できると思い

図7-6　20代の世代間関係

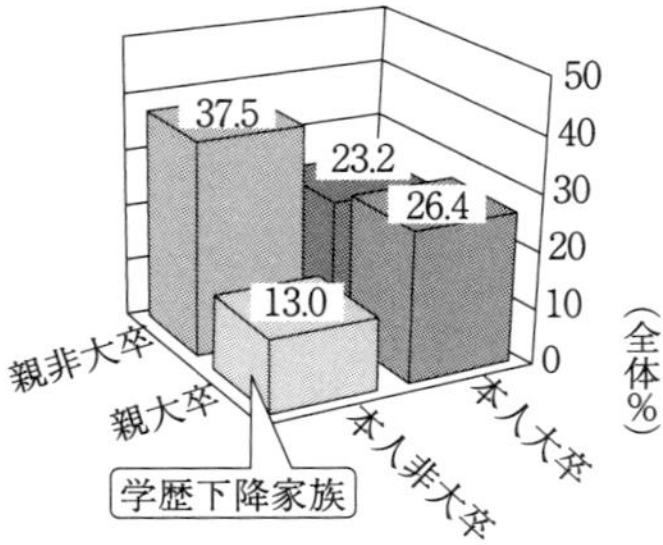

ます。

こうしたなかでこの先、若い人たちについて注目すべきなのは、親が大卒でその子が非大卒という、学歴下降家族の動向ではないかと私は考えています。

これまで大卒の親の子は、同じ大卒になるケースがほとんどでしたし、高卒の親の子が大卒になるケースはそれにも増して数多くみられました。その意味で学歴下降家族は、昭和の学歴社会にはあまりみられなかった、新しい親子関係です。

この層の比率を時代を追って確認してみると、かつては全体の5%程度であったのが、大卒層の親が増えたことにともなって、いまの20代では13・0%にまで増えています。これは大卒の親から、大学に進学しない子どもが、ほぼ3分の1という思いのほか高い確率で輩出されているということです。

それにしても親が大卒であるのに、子どもが大学に進まないというのは、どういう事情によるものなのでしょうか？　大学全入時代の「あまり行きたくなくても大学に行けてしまう」状況を考えると、学歴上昇家族が増えたために、大卒家庭の子どもたちの進学が難しくなった、という解釈は成り立ちません。そうかといって、大卒家庭の子どもたちが安穏と育ったために、受験機会を逸してしまったとも考えにくいでしょう。

ですから学歴下降家族というのは、大卒家庭の子どもたちの一部が、大学進学競争から進んで離脱する現象ではないかと思います。だとすれば、学歴下降家族はかならずしも「負け組」ではなく、学歴競争という「格差ゲーム」から早々と降りてしまった、脱階層志向の人たちだとみることができそうです。

いまはまだ、かれらがどのような考えをもっていて、その人生にどのような可能性が待っているのかは、十分な数のデータがないのでわかりません。しかしこれから30年ほどたてば、学歴下降家族の数次第で大卒層と非大卒層の入れ替えが促され、この社会の不平等問題も変化してくるかもしれません。

†緩やかな平等化の進行のなかで

それでは、この学歴の世代間関係の強さが、どのように変化してきたのかをみていくことにしましょう。図7-7をみてください。これは、現代日本人の父と子の学歴（大卒／非大卒）について、親子の大卒／非大卒を用いた2×2の集計表（図7-6参照）の関連の強さを、05年SSM調査を用いて生年別にみたものです。三つのグラフはどれも世代間関

図7-7 「開放化」へ向かう世代間関係

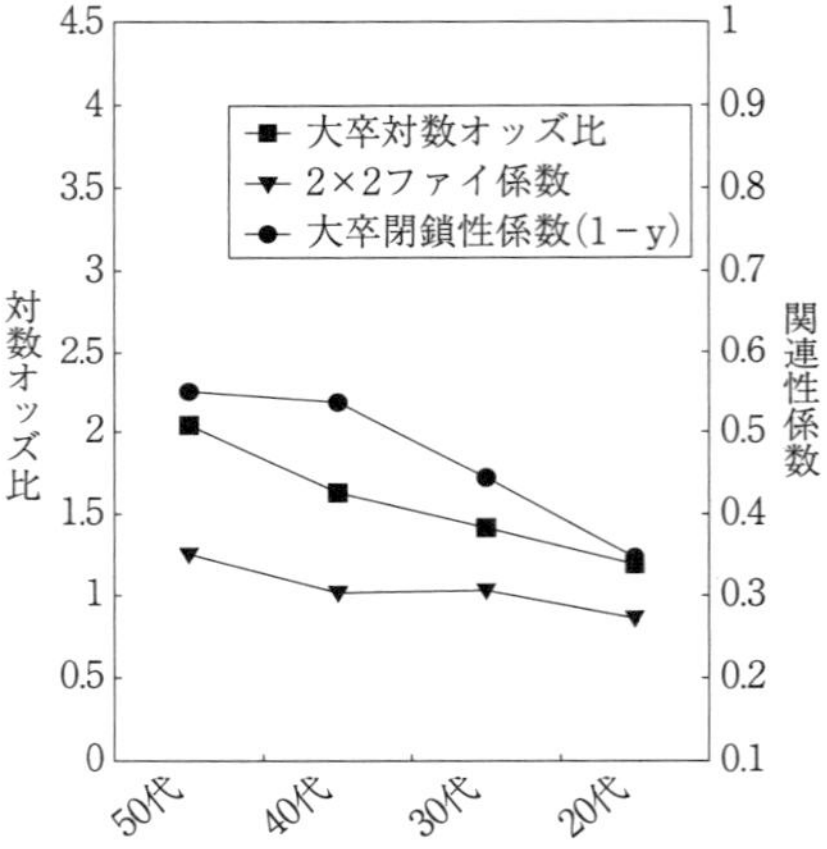

係の閉鎖性や不平等を表すものです。いずれの指標も、大卒層の親のもとに生まれた場合に、そうではない場合と比べてどれくらい大学に進学しやすかったかを、異なる計算式で求めたものです。いずれも進学率の時代変化の影響を受けないように数学的な調整をしたもので、数値がゼロに近づくほど平等な状態であることを示します。詳しい分析方法については、私の前著（『学歴と格差・不平等』）をご覧ください。

グラフをみると、いずれも世代を追って緩やかに右下がりになっています。これは日本社会において学歴の世代間関係が、どのような観点でみても、この40年間でゆるやかに「平等化」してきたことを意味します。

この結果は私の予想を覆すものでした。数年前までのデータ分析では、世代間のつながりがこれから徐々に強まっていき、V字型の再不平等化の道をたどるのではないかと、多くの社会学者たちが予測していたからです。しかし実際には、少しずつではあれ、世代間の関係は「開放化」に向かっているのです。ですからいまこの社会では、学歴が世代間をより強固につなぐことによって経済的な不平等がますます深刻化する、という兆候はみられないのです。

ここで、私の近未来予測を整理しておくと、日本社会の豊かさは、高い学歴水準とともに現状を維持するが、格差のほうも、学歴分断線とともに長く続いていく。そしてこの社会の不平等は、ごく緩やかに小さくなっているということになります。

†平等化とリスク化のパラドクス

本書をここまで読んできた方のなかには、この未来予測はいま世間でいわれている格差社会論とは食い違っている、と思われた人もいるかもしれません。ところが、以下に述べるとおり、いまの格差社会論はこの私の三つの次元にかかわる予測を、すべて整合的に飲み込んでしまいます。つまりこういうことです。

社会の平等化は、下層も上層も同じチャンスに恵まれることで達成されます。それを四つの家族類型に即して考えてみると、高卒再生産家族が25%、学歴上昇家族が25%、大卒再生産家族が25%、学歴下降家族が25%と四等分になるのが、完全に平等な状態だということになります。

この状態が現実のものになったと想像してみてください。このとき、親が大卒層でその子が非大卒になる確率は2分の1です。子どもが2人いれば、どちらかは大学に進学できないということです。いまの日本では、大卒層は社会の上層であるとともに、社会の半数を占めていますから、これは多くの人（大卒層）にとって安定した状態だとはいえません。

この完全平等社会は、社会の真ん中よりやや下のところで、いまのままで十分だと判断している高卒層の親子にとっても、歓迎すべきものではないかもしれません。というのも、子どもが大卒になる確率が2分の1にまで高まると、安定した親子関係が崩れかねないからです。というのは、地元のコミュニティを守ろうという気概のある若者や、町工場や商店の経営を引き継ごうと考えている若者を、学業成績が平均（つまり半分）以上だという理由だけで、親元から引き離すことになるからです。

しかもこの社会は、大卒層と非大卒層が世代ごとにめまぐるしく入れ替わる社会でもあります。そう考えると学歴の世代間関係の完全な平等化は、生活の基盤や文化の継承を妨げて、家族のかたちを不安定にする可能性すらもつことになります。大卒であれ、高卒であれ、親と同じ状態を維持したいという個々人の希望は、たとえそれが他人からみると理に適っていなくても、ある程度は尊重されるべきではないでしょうか。

このように考えると、完全に平等な社会の実現と、だれもが望む安定した暮らしの実現は両立しえないものだということがわかるはずです。多くの人のリスクが少なく、しかも多くの人にとって平等な社会を実現しようというのは、もともと矛盾したことなのです。にもかかわらずわたしたちはいま、社会全体の不平等状態について問題とする一方で、社会が流動化して個人が継承したものを失いやすくなることも、リスク化と呼んで問題にしています。

このことは、現在の社会の状態について次に述べるような、一見正反対にみえる二つの「格差」言説が同時に成り立つという、たいへん奇妙な現象をひきおこしています。

一つの説明の仕方は、「日本はこれから、学歴の世代間関係の不平等が少しずつ解消されて「平等社会」にゆっくり向かいます」という明るい見通しです。もう一つの説明の仕方は「日本はこれから、子どもを大卒にできる勝ち組家族と、大卒にできない負け組家族に二分化する「格差社会」にゆっくり向かいます」というものです。

これらは、よいか悪いかという価値判断では正反対ですが、どちらも同じ現状を正しく説明しているのです。

†輝いていた高卒就職

最後に、これからの日本社会を支えていく若い人たちは、学歴と格差社会の関係をどう受け止めていけばいいのかを提言したいと思います。

学歴分断社会は、ただちに変えることも、そこから逃れることもできない日本社会の実像です。これ自体については、いまさらよいか悪いかを考えてもはじまりません。しかし、一人ひとりの学歴が、後の人生に受け渡され、経済力や職業的地位の上下差を発生させるとき、学歴は不平等の「共犯者」になるわけです。この学歴のメリットの実態がいったいどうなっているのかということは、常に見極めておくべきポイントです。

このことについて私は、若い人たちの間では高卒層が不安定な人生を強いられる傾向が、やや強すぎるとみています。そもそも高卒層の人生設計の利点は、仕事に必要十分な知識や技能をいち早く身につけて、10代のうちから収入を得られることにあります。そしてその経験によって仕事に熟練しておけば、中途でだれかが参入してきても、自分の居場所が奪われることはなく、安定した暮らしを続けることができる（ていた）わけです。

いっぽう大卒層は、仕事を始めたときから高卒層より少し高い給与体系に組み込まれ、20代中盤以降は、高卒層との収入の差を徐々に取り戻していきます。年収でいうなら就職してから数年で高卒層より多くなり、大卒層と高卒層の生涯賃金を比較すると、最終的には1・2～1・5倍の差が生じるといわれています。

しかし大学に進学するためには勉強をしなければなりません。それなりの時間と労力が費やされるわけです。しかも、その〝投資〟分を回収できる保証はありません。せっかく大学を卒業しても、高卒でも就職できるような職種に就くことになってしまうと、それまでの〝投資〟分は回収しようがありません。

また、20歳前後の若者たちをみると、大学生は学費を払う立場ですが、高卒でちゃんと職に就いている青年たちは、高校時代から受験や試験やレポートに一喜一憂する必要はないうえ、18歳以降は給与や、うまくすれば賞与（ボーナス）をもらうことができます。高卒層が大卒層より有利で「輝いた」人生を生きていると考えられるのは、大卒層が本格的に大学受験の準備をはじめる17歳頃から、大卒層の年収が高卒層を上回る25歳くらいまでの間です。

この年齢というのは、人生のなかで最もはつらつとした時期なので、高卒層にとって、この7～8年の生活が物質的にも精神的にも豊かであることの魅力は小さくありません。ですから、もし人生が30年ほどで終わるのであれば、高卒就職のほうが有利なことが何かと多いと思います。

これは前述しましたが、いまの高校生たちの多くは、自分の人生について、せいぜい20代までしか見通しをもっていません。ですからかれらは目の前の楽しみを犠牲にし、自分の将来に保証のない〝投資〟をする大学進学と比べて、高卒学歴の人生が不利だとは思っていないのです。こうしたことも、大学進学を望まない高校生の数が思いのほか多いことの一因となっています。

しかし人生80年と考えれば、若いうちに自分に〝投資〟した大卒層のほうが、より多くのメリットに恵まれることになります。とりわけ子育て期にあたる30～40代以降は、生活格差が明瞭になってきます。

もっとも従来は、企業が長期雇用をしていましたので、高卒層も、不安定な生活に陥ることなく人生の後半を暮らしていけました。昭和の高卒層の人生は、大卒層より早く社会人としてスタートして、自らの手で稼ぎ、大卒層よりも早く世帯をもつことができていたわけですから、それは間違いなく輝いた選択肢だったといえます。加えて、かれらよりも下に少なからぬ数の小中学校卒の学歴の人たちがいたことは、高卒層の地位を押し上げていました。しかも、当時はまだ大卒層が少なかったため、高卒層にも専門職や管理職への道が開かれていたのです。

こうした幸せな人生を送った昭和の高卒学歴の親たちは、わが子が高卒で就職しても、自分と同じように安定した人生を送れるはずだと思いがちです。高卒再生産家族が多数派であり続ける一因は、ここにあります。

†人生ゲームの新しいルール

ところが平成の高卒層は、雇用の流動化によって大卒層に対して、以前よりずっと不利な競争を強いられるようになっています。

まず、職を得るうえで高い競争力をもっている大卒層の数が増えて、デスクワークや販売職に就いた高卒層の昇進の機会が減ってきた、ということがあります。しかも、かつては高校が就職先を割り当ててくれていたのですが、いまの高校生の就職先は、かれらが自分で決めるようになっています。そのため高校を卒業しても、社会人としての生活をアルバイトなどの非正規雇用や無職から始める若者たちが少なくありません。そのうえ、せっかく正社員になっても、そこから数年で離職していく若者の数が格段に増えているのです。

こうして転職に際して履歴書を書く段になると、高卒層はその都度、大卒層に競り負けてしまい、正社員の仕事は、大卒層にもっていかれてしまうのです。

高卒層がその利点を最大限に生かすには、大学生がキャンパス・ライフを送っている間に、仕事上の技能を磨き、仕事のうえでの地位のステップを積み重ねたり、こつこつ収入を得ることが重要です。ですから、高校卒業後の数年間を「自分探し」に費やすのは、あまりにも大きな賭けです。仕事を転々と変わり、大学生と同じようなアルバイトをしていたのでは、後の人生で大卒層に「美味しい」職を奪われる一方になってしまいます。

実際、若年層の就労にかんする調査研究では、高卒層にフリーターが多く、しかも大卒フリーターよりも正社員になりにくいということが明らかになっています。ですからいま、大卒という有利な切り札をもった「勝ち組フリーター」と、高卒あるいは大学中退というさほど威力のないカードしか手元にない「負け組フリーター」がいるということになります。

ですから、「高卒就職の人生」「20歳前後に自分探しをする人生」「大卒の人生」がそれぞれどのような可能性とリスクをもっているのか、という「人生ゲーム」の正確なルールと、おおよその経路をすべての17〜18歳が知っておくことは、何度繰り返してもいいほど重要なことです。

たとえ周囲からみると同じように流転の人生を送ることになるとしても、流れの方向や強さがわからないままに流されてしまう人生と、社会がもっている大きな力学をあらかじめ知ったうえで、流れのなかを泳ぐことは同じではありません。奔流のなかを進む現代の高校生には、後者の心構えがきわめて大切です。

†ニートの増加と「大学全入」の表裏

こんにちの若年層の状況を象徴するといわれるニートも、20歳前後における自分の人生との向き合い方の問題だと私はみています。ニートについては、働いていない（働くチャンスが奪われている）ということが主要な論点になっています。しかし、そもそもニートとはNot in Employment, Education or Trainingの略語ですから、学校に通っていないということがその定義には含まれているのです。

この点に着目するなら、若年のニートとは、だれでも大学に入れるこの時代にあって、あえて学ぼうとしない20歳前後の若者たちだということになります。ですから、ニートが問題化したのとちょうど同じ時期に、大学進学希望者が頭打ちになって「大学全入」が危惧されるようになったのは、決して偶然ではなく、同じ事実の表裏なのです。

意外に思うかもしれませんが、かつての総中流社会で、いまのニートのように年長世代から厳しいバッシングにさらされたのは、一部の大学生でした。かれらはレジャーランド化した大学で、親のすねをかじりながら毎日気楽に遊び暮らして、ろくに知識を身につけることもなく、ただ大卒というカードを手にするためだけに4年間を過ごしている、とみられていました。そうした点が、大学に行きたくても行けなかった年長世代から批判されたのです。それはまた、高校卒業後ただちに就職して高度経済成長を下支えした数多くの同年代の勤労青年たちと比べると、人生設計がしっかりしておらず、気楽さが目立つという批判でもあったわけです。

ところがいま、目的や計画をみつけられず、働くつもりもない若者たちの一部は、とりあえず大学に行こうとも考えていないのです。昭和のモラトリアム大学生は、平成のニートよりは人生のことをまだしも考えていたということができるかもしれません。

繰り返しになってしまいますが、いまは行きたくなくても大学に行けてしまう時代なのです。高卒後すぐに正規の定職に就くことは、以前ほど簡単ではなくなりましたが、行こうと思えば大学には入れるのです。こうした背景があるから高校を卒業して「自分探し」をしている人は、好んで学歴を得るルートから外れた人だということになってしまうのです。もし「自分探し」のための時間が必要ならば、奨学金を利用して、どこでもいいから大学に入ってしまうことをお勧めします。高卒後数年を何も実績が残らないことに時間を費やすのは、できるだけ避けるべきです。

労働経済学者によれば、奨学金に頼って大学を卒業しても、人生全体でみるなら十分回収できるといいます。しかも、企業の採用担当者が、「○○大学卒業程度なら、ニートをしている若者のほうがマシだ」と考えることはまずありません。

そして、やがて子をもつ親となったとき、自分の18歳の進路が、わが子にも想像以上の影響を及ぼすことがあるということを、忘れてはなりません。

†学歴アファーマティブ・アクション

もう一つの提言としては、すでに社会に出てしまった高卒学歴の若い社会人に対して、社会の側から積極的な援助の手を差し伸べよう、ということがあります。ロスト・ジェネレーションなどと呼ばれることもあるこの世代に対して、私は、学歴に基づく再チャレンジ支援策を講じるべきだと考えます。これを学歴アファーマティブ・アクションと呼ぶことができると思います。

アファーマティブ・アクションとは、貧困や不安定な生活が親から子へと引き継がれることがないよう、社会的な弱者が大学進学や就職などをするときに、優遇措置を講じるというものです。アメリカでは黒人やヒスパニック、母子家庭などがこうした政策の対象となってきました。

しかし現代日本は、政策の対象となる社会集団がはっきりみえない、霞がかかったような状態の社会です。それゆえに、明らかな不利益を被っている層を、「○○の人たち」とはっきり言葉にして選び出し、助け上げることが簡単ではないのです。とくに、社会の中間あたりで、多くの人にかかわるものとして取り組まれている格差対策は、男女のジェンダー以外にはありません。

けれどもここまで示してきたとおり、現代日本では、大卒層と比べて高卒層が、就業機会にしても経済力にしても、不利な状況に立ち至る可能性が高いという現実があります。ですから「(若年)高卒層」というだれにとっても明瞭な言葉を用いれば、ここに政策の網をかけることができます。ではどうするのかというと、もちろん、学歴に応じてお金をばらまくわけではありません。安定した仕事をみんなにうまく行き渡らせることをあくまで考えるのです。

たとえば、就業機会はすべての学歴の人に均等に与えなければならないというルールを設けて、大企業や官公庁が35歳以下の人を正規採用する場合、50%は大卒層から、50%は高卒層から採るというふうに比率を決めておくのです。小規模の企業では難しいでしょうが、ある程度以上の企業や官公庁なら実現可能です。女子比率や障害者比率については、こうした制度がすでに一部で導入されています。

この点について現状はどうなっているかというと、製造業、運輸業、流通業などの大企業では、デスクワークが必要な部門には「正社員」を確保するものの、ブルーカラーについては正社員にせず、派遣社員・期間従業員として使ったり、アウト・ソーシングしたり、日系人労働者に頼ったり、生産拠点を海外に移転したりしています。これは高卒層が、大卒層と比べ不安定な仕事に就かざるを得なくなる傾向を強めるやり方です。このままでは若年高卒層は、どうしても希望や意欲をもてなくなってしまいます。

ですから、高卒層にも確実に安定した仕事が割り当てられるように、かれら専用の常勤職の労働市場を確保し、大卒層と高卒層が同じ〝椅子〟を競うことがないよう、制度的に調整する必要があるのです。そうすれば「高卒学歴」を選んだ約半数の若者たちが、安定した職を得ようとしたときに、大卒層に圧迫されずにすみます。そしてそれは自らの選択を、「これでよかったんだ」という前向きな気持ちで評価することにもつながるのではないでしょうか。

「いやそれは現実離れした話だ」と思われた読者もいるかもしれません。しかし、私のこの議論の背景には、いくつかの実際の出来事があるのです。一つは、数年前にいくつかの市で問題となった、市役所職員採用時の学歴詐称です。これらの市では、ある職種の採用についてその対象を「大学を卒業していない人に限る」と指定して職員を採用していました。しかし、長引く不況のあおりを受けて、就職先が見つからない大学生が「高卒」と偽って受験し、採用されていたのです。

そもそもこの制度のねらいは、地元を守る高卒層の雇用を確保するということです。自治体自ら率先して高卒層を採用しなければ、地元高卒層の雇用に明るい光はささないと考えているわけで、その方向性は間違ったものではありません。

第二の出来事は、ある中山間地域では、自治体に誘致された製造業の工場が、地元の高校を卒業した若者たちを優先的に正社員として採用している、ということです。この企業では、いくら地元出身でも大卒でUターンしてきた若者たちを採用したり、他の地域から正社員を雇用することはほとんどありません。ですから高卒後ただちに地元での就職を決意すれば安定した働き口を手にすることができるのですが、それ以外の進路をとると、どうがんばってもこの地域で暮らしていくことは難しいのです。そのためこうした地元企業に18歳で採用された若者たちは、「高卒就職したからこそ、いまの安定がある」と自分の選択を前向きにとらえることができるのです。

こうした事例とは逆に、学歴という「整理箱」に目を配らないままなされた政策が、うまくいっていない例として、次のような実態を挙げることができます。ジョブカフェといわれる場所は、国が策定した「若者自立・挑戦プラン」の中核となる施設とされ、そこでは求職中の若者たちが、能力を向上させ、職に就くことができるようにする、さまざまなサービスを受けることができます。このジョブカフェでは、インターネットを活用した求人や職業訓練の情報を提供しています。

ところが、あるジョブカフェで利用者実態調査をしたところ、じつはその多くが大卒層であることがわかったのです。インターネットを用いた情報提供をはじめ、この施設が提供するサービスが、高卒層にとっては敷居の高いものだったというわけです。

もう一つ、新しい出来事で気がかりなことがあります。このところ、世界的な金融危機による企業の業績不振のため、派遣社員の契約打ち切り、期間従業員の解雇といった労働者の急な削減がなされ、大きな問題になっています。

昨今のこの情勢変化で職を失っている大半が高卒層ではないかということが、私にはたいへん気にかかっています。多くの高卒層は企業内で業績を積んではいますが、大卒層のように他の仕事における競争力をもっていません。長年の従業先に雇用を打ち切られると、大卒層以上に次の仕事を探すことが難しくなってしまいます。

ですから企業が業績不振で従業員を減らすときには、大卒従業員と高卒従業員を同じ数だけ減らしていくよう気を配るべきです。日本の学歴分断線は、アメリカのエスニシティと同じようなものだと何度も書いてきました。もしアメリカで、企業が業績不振を理由に黒人ばかりをクビにしたり、白人だけに仕事を斡旋《あっせん》したりしたら、どういうことになるか想像してみてください。

以上のとおり、格差対策を効き目のあるものにするためには、学歴という「整理箱」を用いることが不可欠です。ニートとも、フリーターとも、ワーキング・プアとも、「派遣」とも、「下流」とも言うな！　かれらは、ほかならぬ若年高卒層なのだということです。

†学歴共生社会をめざして

明治以後、日本社会が１００年以上をかけて作り上げてきた現在の状況は、少なくともあと数十年は続きます。わたしたちは、これまで述べてきた学歴分断線を「主成分」とする格差社会から逃れることはできません。

ですから、わたしたちが考えるべきことは、大卒層と高卒層という二つの学歴集団の間にあまり大きな生活格差が生じないようにしながら、この現実と向き合っていくということです。社会の半分が大きくチャンスを剝奪され、残りの半分がすべてにおいて有利すぎるという二極化状態は望ましいことではありません。これではお互いを補いあう共生関係が生まれないからです。

そうはいっても、大卒層と高卒層とでは、経済力にしても社会的な地位にしても、上下差があるということは否めません。日本の教育制度は、高校の上に大学を積みあげるかたちですから、どうしても学歴に上下関係が生じてしまい、それが階層の高低に結びつきやすいのです。

しかし、高卒層と大卒層とで互いに異なる社会的役割を果たしながら、お互いを支えあうという分業関係があることも忘れてはなりません。たとえば、私自身は世の中のことを多少詳しく知ってはいますが、生活に実際に役立つ技能はほとんど身につけていません。ですから建築や製造の現場で働く人を見たり、運転のうまさ、料理のうまさ、事務処理の正確さなど、熟練したサービスを受けたりすると、その仕事ぶりにただ感心するということがあります。そこで出会う人たちは、おそらく私が大学と大学院で学んでいる間に職業のための熟練した技能や経験を手にした人たちです。その人たちと私はお互いに代わることができない仕事を分業しているのです。

だからこそわたしたちは、大卒層と高卒層の関係を、上下関係でみるのでなく、水平関係でみるように心がけるべきですし、学歴というものが、生活上のリスクや希望の大小と癒着しないように気を付けなければならないのです。とりわけ、仕事の内容と報酬に違いがあるのは避けられないとしても、生活の基盤が安定していることと、仕事を奪われないことにかんしては、大卒層と高卒層に差があってはなりません。

大卒層と高卒層について私は、首都圏と関西圏の関係や、右利きと左利きの関係のようなものを、一つの理想としてイメージしています。

どういうことかといいますと、首都圏の人からみれば関西は「セカンド・ベスト」かもしれず、首都圏で関西文化は亜流のようにみなされています。当の関西人はといいますと、東京に負けているとも、首都圏に移り住みたいとも思っていません。首都機能は東京に集中していますから、関西のほうが上だと考えている人はあまりいないでしょうが、関西のほうが好きだという愛着や誇りや気概をもっている人は少なくありません。そして実質としても、産業・歴史・文化・芸術などの特定の局面では、関西は首都圏を補完しつつ、部分的に上回るところをもっています。つまりそれは単純な上下関係ではないのです。

それでは右利きと左利きについては、どうでしょうか。右利きの人が多い社会における左利きの人の場合、そこに上下関係があるのか、非常に微妙です。もちろん、世の中の施設や道具は右利きの人向けにつくられています。だからといって左利きの人たちは、右利きになろうとはしないものです。野球の投手にいたっては、サウスポーであることは一つの武器にすらなっています。そもそも、左利きだからといって下だとみなすようなひとは、ほとんどいないのではないでしょうか。

この二つの例では、確かにマジョリティとマイノリティの間にわずかな上下関係がないわけではありません。しかしそこには、それぞれの質の違いが重要な役割を果たす水平的な共生関係が実現しているのです。大卒層と高卒層も、それぞれのメリット、デメリットを、これらの例と同じようにうまく分け合いながら、お互いを尊重し、共生をしていく道を探らなくてはなりません。

あとがき

目の前に最新の階層調査データ（05年ＳＳＭ調査）があって、しかも世の中の多くの人が、格差と不平等のしくみに未曾有《みぞう》の関心をもっている――。これがこの本を書き始めたときの情勢でした。ところが私は、ものを書くことは好きなのですが、すらすらと文章が出てくるタイプではありません。しかもこの本では、専門文献や統計的検定に触れることをできるだけ避けて、一般向けのわかりやすさを心掛けましたので、いつになく「勇気」と時間の要る執筆作業となりました。「読みやすい本」は、私にはかならずしも「書きやすい本」ではなかったようです。

私がそうしてこの本を書いている間に、「格差論バブル」は少しおさまってきたように思います。いま世間的な関心は、社会の下層のほうへと向けられはじめています。つまり、日々の生活にあえぐ労働者、貧困層、社会的孤立の問題、そして契約を打ち切られた派遣労働者が職とともに住む場所さえも失ってしまう実態などです。これらの出来事があまりにも深刻であるために、この数年ざわめいていた学歴社会論と社会意識論という私の「守備範囲」は、少しばかり静かになってきたようです。

「格差論バブル」について私がはじめに抱いた印象は、「画竜点睛を欠く」ということでした。つまり、諸説あるけれども、いずれもあと一言が足りないために真実に肉薄できずにいるように感じていたのです。

画竜点睛――。

中国の安楽寺というお寺での故事です。壁面に見事に描かれた竜に、なぜか睛（ひとみ）が点じられていなかったのだそうです。絵の作者は常々、「もしこの竜に睛を点じたなら、ただちに絵から出て飛んで行ってしまうよ」とうそぶいていました。そこで、人びとがそれを求め、彼が点睛すると、風雲生じて竜は本当に天に舞い上がったといいます。そこから、ほとんど仕上がっているのに、肝心なものが不足していることや、最後の仕上げができていないことのたとえとなったのです。

ところで、本文のなかで私は、格差について、較差、隔差、拡差、確差、獲差……などと「カクサ」の同音異義語を細かく使い分けてみてはどうかという、いささか蛇足（こちらは蛇に余計な足を描いてしまう話ですが）気味の提言をしています。けれども、いったいどのカクサが私の結論なのかは、そこでは述べませんでした。

最後に私自身の格差観をはっきりさせるならば、それは「カクサ」に濁点を描き入れた

「ガクサ」（学差）論に他なりません。

格差論　正体見たり　学差論　ということです。

多くの人によってほぼ完成というところまで描かれてきた格差論に、おそるおそる仕上げの点々を付けたわけですが、いかがだったでしょうか。にわかに生気を宿し風雲生じて……というのは大げさすぎるとしても、本書によって、読者一人ひとりのなかの格差社会が、多少なりともリアルな姿になることを願っています。

最後になりましたが、家族の協力と、筑摩書房編集部の石島裕之さんの尽力に感謝します。

２００９年１月

著者

主要参考文献

天野郁夫 1992『学歴の社会史』、新潮社。
ブルデュー、ピエール 1979=1990『ディスタンクシオン』、石井洋二郎、藤原書店。
ドーア、ロナルド 1976=1990『学歴社会――新しい文明病』、松居弘道訳、岩波書店。
福沢諭吉 1942『学問のすゝめ』、岩波書店。
玄田有史 2001『仕事のなかの曖昧な不安――揺れる若年の現在』、中央公論新社。
原純輔・盛山和夫 1999『社会階層――豊かさの中の不平等』、東京大学出版会。
本田由紀 2008『「家庭教育」の隘路――子育てに強迫される母親たち』、勁草書房。
石田浩 2008「世代間移動への生存分析アプローチ」『2005SSM 調査シリーズ3 世代内移動と世代間移動』 2005年 SSM 調査研究会 所収。
岩田正美 2007『現代の貧困――ワーキングプア／ホームレス／生活保護』、筑摩書房。
片岡栄美 2008『子どものしつけ・教育戦略の社会学的研究』、科研費成果報告書。
苅谷剛彦 1995『大衆教育社会のゆくえ――学歴主義と平等神話の戦後史』、中央公論社。
―――― 2001『階層化日本と教育危機――不平等再生産から意欲格差社会へ』、有信堂。
川島武宜 1950『日本社会の家族的構成』、日本評論社。
吉川徹 1998『階層・教育と社会意識の形成――社会意識論の磁界』、ミネルヴァ書房。
―――― 2006『学歴と格差・不平等――成熟する日本型学歴社会』、東京大学出版会。

――― 2007「豊かな社会の格差と不平等」友枝・山田編『Do! ソシオロジー――現代日本を社会学で診る』有斐閣 所収。
――― 2008「階級・階層意識の計量社会学」直井・藤田編『講座社会学13 階層』東京大学出版会 所収。
清岡卓行 1966『手の変幻』、美術出版社。
明治安田生命 2008「生まれ年別名前ベスト10」
http://www.meijiyasuda.co.jp/profile/etc/ranking/
三浦展 2005『下流社会――新たな階層集団の出現』、光文社。
西山哲郎 2006『近代スポーツ文化とはなにか』、世界思想社。
大竹文雄 2005『日本の不平等』、日本経済新聞社。
佐藤俊樹 2000『不平等社会日本――さよなら総中流』、中央公論新社。
瀬名秀明 1995『パラサイト・イヴ』、角川書店。
城繁幸 2006『若者はなぜ3年で辞めるのか?――年功序列が奪う日本の未来』、光文社。
竹内洋 1995『日本のメリトクラシー――構造と心性』、東京大学出版会。
橘木俊詔 1998『日本の経済格差――所得と資産から考える』、岩波書店。
山田昌弘 1999『パラサイト・シングルの時代』、筑摩書房。
――― 2004『希望格差社会――「負け組」の絶望感が日本を引き裂く』、筑摩書房。
海野道郎・片瀬一男編 2008『〈失われた時代〉の高校生の意識』、有斐閣。

ちくま新書
772

学歴分断社会《がくれきぶんだんしゃかい》

二〇〇九年三月一〇日　第一刷発行
二〇二〇年四月　五　日　第七刷発行

著　　者　吉川徹（きっかわ・とおる）

発行者　喜入冬子

発行所　株式会社　筑摩書房
東京都台東区蔵前二-五-三　郵便番号一一一-八七五五
電話番号〇三-五六八七-二六〇一（代表）

装幀者　間村俊一

印刷・製本　三松堂印刷　株式会社

ISBN978-4-480-06479-0 C0236

ちくま新書

211 子どもたちはなぜキレるのか　齋藤孝

メルトダウンした教育はどうすれば建て直せるか。個性尊重と管理強化の間を揺れる既成の論に楔を打ち込み、新たな処方箋として伝統的身体文化の継承を提案する。

329 教育改革の幻想　苅谷剛彦

新学習指導要領がめざす「ゆとり」や「子ども中心主義」は本当に子どもたちのためになるものなのか？　教育と日本社会のゆくえを見据えて緊急提言する。

359 学力低下論争　市川伸一

子どもの学力が低下している⁉　この認識をめぐり激化した巨大論争を明快にときほぐし、あるべき改革への第一歩を提示する。「ゆとり」より「みのり」ある教育を！

451 ゆとり教育から個性浪費社会へ　岩木秀夫

学力論争は新自由主義的流れで決着した。次にくるのは国際エリート養成と「自由意志」によるフリーターの増加だ。二極分化する日本の教育と社会の行方を分析する。

517 学校評価——情報共有のデザインとツール　金子郁容編著

学校をサービスとして評価する、とはどういうことなのか？　「与えられる」ものではなく「地域で作っていく」教育について、その方向性とツールを具体的に示す。

543 義務教育を問いなおす　藤田英典

義務教育の改革が急ピッチで進められている。だが、その方途は正しいのか。義務教育制度の意義と問題点を見つめなおし、改革の道筋を照らす教育社会学の成果。

653 こんなに役立つ数学入門——高校数学で解く社会問題　広田照幸編　川西琢也編

地震に松枯れ、格差問題に総選挙……。さまざまな問題を解く上で、数学はフルに活用されている。第一線に立つ研究者が自らの体験を交えて語る、高校数学の底力。

738 完璧志向が子どもをつぶす　原田正文
母親たちの育児ストレスの原因はどこにあるのか？　大規模調査の結果と著者の精神科医としての経験をもとに、「70点の育児」を提唱する。

758 進学格差
――深刻化する教育費負担　小林雅之
統計調査から明らかになった進学における格差。なぜ今まで社会問題とならなかったのか。諸外国の奨学金のあり方などを比較しながら、日本の教育費負担を問う。

218 パラサイト・シングルの時代　山田昌弘
三十歳を過ぎても親と同居し、レジャーに買い物に、リッチな独身生活を謳歌するパラサイト・シングルたち。そんな彼らがになう未成熟社会・日本のゆくえとは？

304 「できる人」はどこがちがうのか　齋藤孝
「できる人」は上達の秘訣を持っている。それはどうすれば身につけられるか。さまざまな領域の達人たちの〈技〉を探り、二一世紀を生き抜く〈三つの力〉を提案する。

317 死生観を問いなおす　広井良典
社会の高齢化にともなって、死がますます身近な問題になってきた。宇宙や生命全体の流れの中で、個々の生や死がどんな位置にあり、どんな意味をもつのか考える。

344 親と子の「よのなか」科　藤原和博　三室一也
NHK、朝日新聞で話題沸騰の〝総合学習〟のための「よのなか」科が、学校での授業だけでなく親子の食卓でできるガイドブック。子供がみるみる世の中に強くなる。

345 実践カルチュラル・スタディーズ　上野俊哉　毛利嘉孝
既存の知の枠組みを突き崩しながらサブカルチャーやメディアを研究するカルチュラル・スタディーズは、現在の日本でどこまで展開しているのか。最新の実践を紹介。

527
社会学を学ぶ
内田隆三
社会学を学ぶ理由は何か？　著者自身の体験から、パーソンズの行為理論、フーコーの言説分析、ルーマンらのシステム論などを通して、学問の本質に迫る入門書。

605
心脳コントロール社会
小森陽一
人を巧みに誘導するマインド・マネジメント。この手法は広告だけでなく、政治の世界でも使われるようになった。その仕組みを解明し、騙されないための手立てを提示。

606
持続可能な福祉社会
——「もうひとつの日本」の構想
広井良典
誰もが共通のスタートラインに立つにはどんな制度が必要か。個人の生活保障や分配の公正が実現され環境制約とも両立する、持続可能な福祉社会を具体的に構想する。

635
NHK問題
武田徹
不祥事続出によるNHK批判。だが放送の公共性を根底から問う議論は極少だ。この巨大メディアの問題を歴史的かつ複眼的にとらえ直し、新しい公共放送像を描く。

649
郊外の社会学
——現代を生きる形
若林幹夫
「郊外」は現代社会の宿命である。だが、その輪郭は捉え難い。本書では、その成立ちと由来を戦後史のなかに位置づけ、「社会を生きる」ことの意味と形を問う。

659
現代の貧困
——ワーキングプア／ホームレス／生活保護
岩田正美
貧困は人々の性格も、家族も、希望も、やすやすと打ち砕く。この国で今、そうした貧困に苦しむのは「不利な人々」ばかりだ。なぜ？　処方箋は？　をトータルに描く。

673
ルポ　最底辺
——不安定就労と野宿
生田武志
野宿者はなぜ増えるのか？　フリーターが「若者」ではなくなった時どうなるのか？　野宿と若者の問題を同じ位相で捉え、社会の暗部で人々が直面する現実を報告する。

ちくま新書

008 ニーチェ入門 竹田青嗣
新たな価値をつかみなおすために、今こそ読まれるべき思想家ニーチェ。現代の我々をも震撼させる哲人の核心に大胆果敢に迫り、明快に説く刺激的な入門書。

020 ウィトゲンシュタイン入門 永井均
天才哲学者が生涯を賭けて問いつづけた「語りえないもの」とは何か。写像・文法・言語ゲームと展開する特異な思想に迫り、哲学することの妙技と魅力を伝える。

029 カント入門 石川文康
哲学史上不朽の遺産『純粋理性批判』を中心に、その哲学の核心を平明に読み解くとともに、哲学者の内面のドラマに迫り、現代に甦る生き生きとしたカント像を描く。

071 フーコー入門 中山元
絶対的な〈真理〉という〈権力〉の鎖を解きはなち、〈別の仕方〉で考えることの可能性を提起した哲学者、フーコー。一貫した思考の歩みを明快に描きだす新鮮な入門書。

081 バタイユ入門 酒井健
西欧近代への徹底した批判者でありつづけた「死とエロチシズム」の思想家バタイユ。その豊かな情念に貫かれた思想を明快に解き明かす、若い読者のための入門書。

159 哲学の道場 中島義道
やさしい解説書には何のリアリティもない。原書はわからない。でも切実に哲学したい。死の不条理への問いから出発した著者が、哲学の真髄を体験から明かす入門書。

200 レヴィナス入門 熊野純彦
フッサールとハイデガーに学びながらも、ユダヤの伝統を継承し独自の哲学を展開したレヴィナス。収容所体験から紡ぎだされた強靭で繊細な思考をたどる初の入門書。

ちくま新書

238 メルロ＝ポンティ入門　船木亨

フッサールとハイデガーの思想を引き継ぎながら〈身体〉を発見し、言語、歴史、芸術へとその〈意味〉の構造を掘り下げたメルロ＝ポンティの思想の核心に迫る。

254 フロイト入門　妙木浩之

二〇世紀の思想と文化に大きな影響を与えつづけた精神分析の巨人フロイト。夢の分析による無意識世界への探究の軌跡をたどり、その思索と生涯を描く気鋭の一冊。

265 レヴィ＝ストロース入門　小田亮

若きレヴィ＝ストロースに哲学の道を放棄させ、ブラジル奥地へと駆り立てたものは何か。現代思想に影響を与えた豊かな思考の核心を読み解く構造人類学の冒険。

277 ハイデガー入門　細川亮一

二〇世紀最大の哲学書『存在と時間』の成立をめぐる謎とは？　難解といわれるハイデガーの思考の核心を読み解き、西洋哲学が問いつづけた「存在への問い」に迫る。

533 マルクス入門　今村仁司

社会主義国家が崩壊し、マルクス主義が後退した今、マルクスを読みなおす意義は何か？　既存のマルクス像からはじめて自由になり、新しい可能性を見出す入門書。

545 哲学思考トレーニング　伊勢田哲治

哲学って素人には役立たず？　否、そこは使える知のツールの宝庫。屁理屈や権威にだまされず、筋の通った思考を自分の頭で一段ずつ積み上げてゆく技法を完全伝授！

564 よく生きる　岩田靖夫

「よく生きる」という理想は、時代や地域、民族、文化、そして宗教の違いを超えて、人々に迫る。東西の哲学や宗教をめぐり、考え、今日の課題に応答する。

ちくま新書

666 高校生のための哲学入門　長谷川宏

どんなふうにして私たちの社会はここまできたのか。「知」の在り処はどこか。ヘーゲルの翻訳で知られる著者が、自身の思考の軌跡を踏まえて書き下ろす待望の書。

695 哲学の誤読 ——入試現代文で哲学する!　入不二基義

哲学の文章を、答えを安易に求めるのではなく、思考の対話を重ねるように読み解いてみよう。入試問題の哲学文を「誤読」に着目しながら精読するユニークな入門書。

765 人間の未来 ——ヘーゲル哲学と現代資本主義　竹田青嗣

現代社会はいま、難問を抱えている。一つは世界的な格差問題。もう一つは資源・環境問題。その解決の糸口をヘーゲルなど近代哲学に求め、希望の在り処を探る。

001 貨幣とは何だろうか　今村仁司

人間の根源的なあり方の条件から光をあてて考察する貨幣の社会哲学。世界の名作を「貨幣小説」と読むなど貨幣への新たな視線を獲得するための冒険的論考。

012 生命観を問いなおす ——エコロジーから脳死まで　森岡正博

エコロジー運動や脳死論を支える考え方に落とし穴はないだろうか? 欲望の充足を追求しつづける現代のシステムに鋭いメスを入れ、私たちの生命観を問いなおす。

016 新・建築入門 ——思想と歴史　隈研吾

建築とは何か——古典主義、ゴシックからポストモダニズムに至る建築様式とその背景にある思想の流れを辿りその問いに答える、気鋭の建築家による入門書。

047 スポーツを考える ——身体・資本・ナショナリズム　多木浩二

近代スポーツはなぜ誕生したのか? スペクタクルの秘密は何か? どうして高度資本主義のモデルになったのか? スポーツと現代社会の謎を解く異色の思想書。

ちくま新書